U0113724

津门掌故

周利成

著

中国文史出版社

图书在版编目（CIP）数据

津门掌故 / 周利成著 . —北京：中国文史出版社，
2022.11
ISBN 978-7-5205-3841-1

Ⅰ. ①津… Ⅱ. ①周… Ⅲ. ①天津—地方史—文集
Ⅳ. ①K292.1-53

中国版本图书馆CIP数据核字（2022）第187946号

责任编辑：金　硕

出版发行：中国文史出版社

地　　址：北京市海淀区西八里庄路69号　　邮编：100142
电　　话：010 - 81136606 / 6602 / 6603 / 6642（发行部）
传　　真：010 - 81136655
印　　装：北京温林源印刷有限公司
经　　销：全国新华书店
开　　本：787mm × 1092mm　1/16
印　　张：17.5
字　　数：232千字
版　　次：2023年3月北京第1版
印　　次：2023年3月第1次印刷
定　　价：68.00元

序

　　掌故，原指旧制、旧例，也是汉代掌管礼乐制度等官员的官名，后指关于历史人物、典章制度等的遗闻逸事。掌故融信史与传说、实录与演义、档案与故事于一体，较正史更具可读性、文学性和故事性，因此更受读者欢迎。

　　1400年，燕王朱棣起兵与建文皇帝争夺天下，曾巡视于海河两岸，在三岔河口赐名"天津"。1404年燕王扫北，在三岔河口西南岸设置卫所，派兵驻守屯田，"天津卫"由此得名。至今已有600余年的历史了。天津作为近代中国最早与西方文明接触的城市之一，无数名垂千古的俊杰名流与天津结下不解之缘，上演了许多荡气回肠的精彩故事，留下了数百座名人故居；众多的重大历史事件在这里发生，留下了一大批文化遗址；天津被迫开埠，西方列强纷至沓来，或从政，或经商，或从教，留下许多极具异国风情的各式建筑；一代代天津人在这里休养生息，辛勤劳作，留下许多逸闻趣事……

　　随着历史的变迁和城市化进程的发展，一些历史人物相继作古，少有人提及，一些历史事件湮没在历史的长河之中，一些流传在民间的逸闻趣事被世人渐渐淡忘。特别是改革开放后，天津市从经济发展到城市建设都有了翻天覆地的变化，昔日的老城区被一幢幢拔地而起的高楼大厦取代，一些老街道、老胡同、老建筑只剩下了一个地名。但这里的一街一巷，都布满了历史的脚印；一栋一梁，都诉说着斑斓的故事；一木一石，都焕发着人文的光彩。利成同志将这些资料从尘封多年的档案中发掘出来，编写成这部《津门掌故》，正是为了留住这历史的记忆和岁月的痕迹。

《津门掌故》一书，共收录88篇文章，200余幅珍贵历史图片。记述了天津的历史变迁、地名的由来、遗存的古迹、名人故居、历史故事，反映了旧天津政权的统治、经济的兴衰、城市的演进、百姓的悲喜。翻阅该书就如同在作者的引领下在天津走街串巷，观光旅游。从《天津的由来》《西南角的变迁》《今昔小王庄》等可以了解到天津的历史沿革，从《天津卫三宗宝》《挂甲寺的传说》《水西庄史话》等可以认识天津的名胜，从《纸醉金迷的侯家后》《竹竿巷忆盛》《大罗天兴衰》等可以领略天津昔日的繁盛，从《北洋军阀的发源地小站》《北洋新政与铁工厂胡同》《东局子沧桑》等可以看到北洋新政的缩影，从《八国联军拆城墙》《戈登与戈登堂》《德璀琳大院始末》等可以听到西方列强侵略天津的隆隆炮声。一个个地名，一桩桩往事，一段段故事，一件件档案，一帧帧图片，再现了一个日升月恒的天津，一个华洋杂处的天津，一个聚华万物的天津，揭示了600余年天津城市发展的深厚文化底蕴，以及天津当代都市文化形成的历史渊源。

该书为天津市档案馆系列档案文化产品增添了新的内容，为研究天津历史和民俗提供了翔实、生动的史料，同时对弘扬乡邦文化，普及天津的地方史，促进天津文化旅游事业的发展，也将发挥积极作用。希望通过该书读者能够更加了解天津、认识天津、热爱天津，感受天津的人文魅力和城市精神。

荣 华

天津市档案局（馆）原局（馆）长

目 录

地名文化

民间传说

风貌建筑

历史沿革

天津的由来

1961年，在和平区南门外大街东的一处民居，出土了一通1550年4月的重修三官庙碑，碑文曰："夫天津小直沽之地，古斥卤之区也。我朝成祖文皇帝，入靖内难，圣驾尝由此渡沧州，因赐名曰天津。"这段文字为长期以来人们对天津地名来历的争论给出了一个正确答案：天津地名为明成祖朱棣所赐，时间是1403年前后。

朱棣赐名的故事很多，这里给大家介绍较为流行的一种。

洪武元年（1368），明太祖朱元璋夺取天下后，

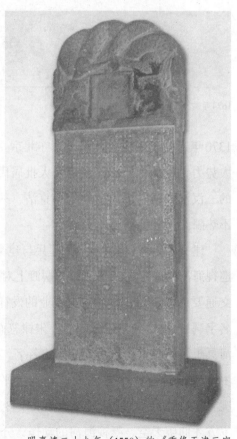

明嘉靖二十九年（1550）的《重修天津三官庙记》，记述了"天津"一名的由来

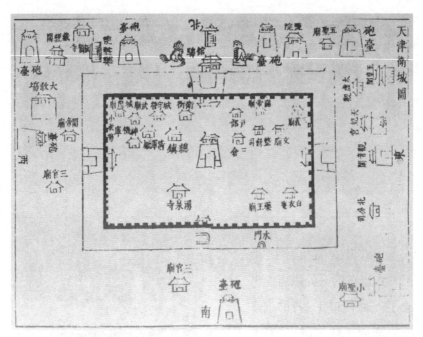

1674年的天津卫城图

1370年封儿子朱棣为燕王，镇守北京。朱棣在海河一带屯兵，为扩大势力，他从中原和江南迁来大批居民，开辟众多村落。三岔河口的三汊沽和横跨海河两岸的小直沽，一时商贾云集、店铺林立，好不热闹。

建文二年（1400），朱棣起兵与建文皇帝争夺天下。行前，朱棣巡视海河两岸，在三岔河口的摆渡上对随臣们说："此地为南北水陆交通要道，定为我日后成就霸业的发祥地，实在应该为它取一个好名字啊！"群臣遂请朱棣赐名。朱棣忽而仰望天空苦思，忽而凝视海河冥想，一时竟找不出个恰当的名字。这时，一位大臣进言道："千岁奉天子旨意，平定北方，正合天平二字，何不称之为'天平'呢？"朱棣听后，只是沉吟，并未作答。一旁的老臣刘伯温说："千岁方才仰望天空、凝视海河的动作，分明已经为此地赐名为'天津'了！而况千岁承圣上之命，吊民伐罪，顺乎天意，所以为天；燕王在此渡过河津，所以称津。"朱棣听后点头说："《离骚》有'朝发轫于天津兮，夕余至乎西极'佳句，古城洛阳又有'天津桥'之设。天津好！既气派、祥瑞，又名有出处，天津好！"朱棣随即传谕下去，将三汊沽、小直沽两个地方，统称为"天津"。

正是天津得天独厚的军事防卫、经济发展的优越条件，给了朱棣实现自己政治抱负的信心，坚定了他定都北京重整朝纲的政治决策，帮助他完成统一大业，成就了一代文治武功的帝王。

燕王扫北与天津建卫

一提起"天津卫",大多数人都知道是天津的别称,但要再问您天津为什么又叫"天津卫"?"天津卫"是什么时候建立的?恐怕能准确答上来的人就不多了。

1368年,朱元璋金陵(今南京)坐定天下,但他并不想让儿子朱棣继承皇位。于是,在1370年封朱棣为燕王后,就给他五百老弱残兵,让他出兵扫北。名为扫北,实则是想要他死。但在一直看好朱棣的军师刘伯温的辅佐下,朱棣的军队南征北战,捷报频传,队伍日益壮大。1404年,朱棣更是看中了天津的军事重要性,"以直沽海运商舶往来之冲,宜设军卫,且海口田土膏腴,命调缘海诸军士屯守"。12月23日,诏令在直沽设"天津卫",驻兵5600余人;明永乐二年十二月九日(1405年1月9日),设立"天津左卫",驻兵5000余人;永乐四年十一月八日(1406年12月18日),将青州"左护卫"改称"天津右卫",驻兵6000余人,三处共有官兵16800人。这便是"天津三卫"的来历。后来,有文人墨客称天津为"三津",也便是由此演变而来。

但天津三卫最初并不是地名,它只是明军驻直沽的三个编制。"卫"是古时军队警备镇守的军事要地,如威海卫、天津卫等,在当地设有指挥机关——"卫所",相当于现在的警备司令部。卫所制度

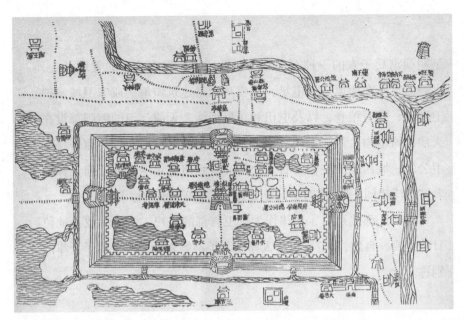

1739年的天津县城图

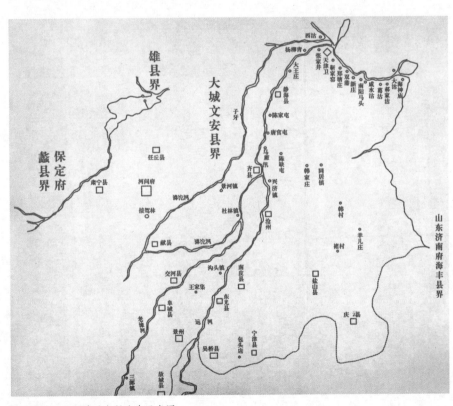

明代天津三卫疆域及屯堡分布示意图

是明朝寓兵于农的一种军事制度。卫所实行兵农合一的管理办法，世袭的军士在所属之地屯垦，主要功能是建筑城垣、戍守卫城、护卫漕运、守卫粮仓，以及屯田和军事训练。天津三卫的衙门都设在天津的城垣内。西门里的总镇署是天津卫公署；东门里的道署是左卫公署；城西北的左营是右卫公署。直到前些年老城拆迁前还保留着"三津胡同""三津磨房同业公会"等600年前的称谓。

　　明朝迁都北京后，天津作为拱卫首都的门户，军事和政治地位日趋重要。自此，"卫"更与天津结下了不解之缘，甚至成了天津的别称。

天津城厢的来历

十年前，天津老城厢拆了，人们都知道旧城四周有东、西、南、北四条马路，稍上年纪的人还知道，这四条马路原本是环绕城池的城墙，那么您知道旧城墙是什么时候建的，什么时候拆的，人们为什么又叫它老城厢吗？

1404年，天津设卫筑城，修建门楼，挖掘城池。城垣外用城砖，内用土坯，周垣长九里十三步，东西宽504丈，南北长324丈，呈矩形，俗称"算盘城"。城高三丈五尺，广二丈五尺。四面开门，门上建高大城楼，北城门楼为最大。四门题字，东门为"镇海"，南门为"归极"，北门为"带河"，西门为"卫安"。城中心建一座高三层的鼓楼，以鼓楼为中心的十字街，向外延伸可通四方大道。

1491年，明政府重修城垣，改土城为砖城，变更了四门名称，东门称"镇东"，南门称"定南"，西门称"安西"，北门称"拱北"。在城的四角增设"角楼"，还添加了与护城河相通的四座"水门"，引海河水入城。

1653年，天津遭遇特大水灾，城垣被淹，两面坍塌。总兵甘应祥等主持重建。1674年，总兵赵良以"各城楼上均贮存火药，不利居民安全"为由，强行将靠近城垣的民房拆除，限令离城三丈处方准建房。在城东南角新建一座石闸，引水入濠，再经南城水门入城，

1870年的郡城濠墙图

20世纪初的鼓楼

水门上题"引汲受福"四字。东西南北四座城门分别更名为"东运沧海""西引太行""南达江淮""北拱神京"。

城垣建成后历经沧桑岁月也不知重修重建了多少次，据统计，从清顺治到嘉庆的140余年里，天津城就重修了12次之多。1900年，八国联军用坚船利炮攻破了天津城。翌年，都统衙门下令拆除了天津城墙，这座见证了天津近500年发展史的城垣就这样永远地消失了。

"天津城厢图"最早出现却是在1883年出版的《津门杂记》中，文字称"天津城是卫城，规模较小，虽后来改为县、州、府、道，那只是行政辖区的扩大，而城池依旧，衙署仍设在城里，依然是周围'九里十三步，城高三丈五尺'，是呈箱子形，所以称为城厢"。"城厢"的称谓也就是从这时候开始叫起来的。

天津城厢四条街

天津老城以鼓楼为中心，由鼓楼通往东、南、西、北四门的街道，分别称作东门内大街、南门内大街、西门内大街、北门内大街，构成城厢的主干道。

旧天津有"北门富，东门贵，南门贫，西门贱"之说。"北门富"是说北门内大街金店、银号较多；"东门贵"是指东门内大街有官衙、盐商和孔庙；"南门贫"是说南门内大街的住户多为贫苦百姓；"西门贱"是因西门内大街附近有一些妇女因生活所迫而沦为下等娼妓。这样的概括虽然难免有些偏颇，但也概括了这四条街的大体状况。

明永乐二年（1404）天津置卫筑城，城中建起鼓楼，鼓楼四周修建了四条街道，因分据鼓楼东、西、南、北方向而分别取名为鼓楼东大街、鼓楼西大街、鼓楼南大街和鼓楼北大街。

明代，在鼓楼东大街有一座"经历司"衙门，老百姓俗称"经司"。内设七品经历一员，专门解决军民间的诉讼案。今东门内大街儒园公寓北侧的仿古建筑即其遗址。这条街上除有孔庙、府学、县学外，还有近代著名书法家华世奎、民间艺术"风筝魏"的创始人魏元泰等的旧居。

鼓楼西大街旧时有商家也有民宅。知名商家有万兴锡记，兴盛

明信片中的鼓楼

多年，商铺门口的一张大桌子上常年放着一只大笸箩和一杆秤，专为出售玉米面之用。路南有著名的百年老字号莫家清宁丸药店。大实业家、曾任北洋纱厂经理范竹斋的宅邸是这条街上最气派的建筑。

鼓楼南大街上最为著名的建筑当数清光绪年间建成的广东会馆了。它是天津规模最大的会馆。会馆由门厅、大殿、戏楼和配房组成，采用会馆建筑和剧场建筑的传统形式，舞台吊顶、藻井和门窗隔扇均为精美的木雕。孙中山北上赴京前曾在此演讲，邓颖超在这里也曾演出新剧《亡国恨》。

清末时，鼓楼北大街聚集了十数家金店，其中三义与天兴德是天津最早的金店。1900年八国联军入侵天津，北门里各商号在猛烈的炮火中化为一片废墟。1902年八国联军撤出后，首饰业艺人纷纷回到这里重操旧业，除恢复了一些老字号，又开设了镀金作坊、包金局、捶金坊和首饰楼。1927年开设的正阳金店更是名扬全国。

1954年，这四条街依次更名为东门内大街、西门内大街、南门内大街和北门内大街。

天津的摇篮——三岔河口

《天津卫志》载："三岔河在津城东北，潞、卫二水汇流。潞水清，卫水浊，汇流东注于海。"明确记述了旧三岔河口位于天津城东北隅（今狮子林桥附近），为海河、南运河（潞）、北运河（卫）的三河交汇处。这里曾是天津最早的居民点、最早的水旱码头、最早的商品集散地，故有"天津摇篮"的美称。

608年，隋炀帝开通大运河永济渠时，三岔河口就已经成为航运要道，并逐渐有了以捕鱼、晒盐为生的人家。1153年，金迁都中都

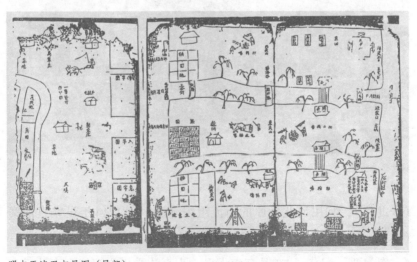

明末天津卫屯垦图（局部）

三岔河口一带商船云集的景象

位于三岔河口上的海河楼

（今北京），利用河北平原的河流组织漕运，于1214年设立直沽寨（又称泥沽寨）。不久，大直沽、小直沽和三汊沽等聚落相继出现。《方舆纪要》记载："在县东南十里，小直沽受川之流。大直沽又在其东南，地势平衍，群流涨溢，茫无涯矣，故有大直沽之名。"大小直沽由此得名。

元朝改直沽寨为海津镇，三岔河口成为海运、漕运的南粮船队的必经之路，一时出现"晓日三岔口，连樯集万艘"的繁荣景象，更有"万商辐辏之盛，亘古未有"的记载。1404年，燕王朱棣扫北，赐名天津，并在直沽渡跸处（今北大关）立牌坊一座，横额为"龙飞渡跸"。因天津得名在三岔河口之后，故史有"先有三岔口，后有天津城"的说法。

此后，三岔河口附近的庙宇、民居日益增多，北有望海楼、崇禧观、海潮寺、玉皇庙、三元庙、三取书院等；东有大佛寺、娘娘庙、玄帝庙等；西有天后宫、玉皇阁。

清代，随着京杭大运河的进一步畅通，直沽的漕运达到了古代的鼎盛，三岔河口发展为天津最早的商品集散地，天津也成为中国北方水运交通枢纽。南运河两岸新建的码头、货栈、商店、客栈如雨后春笋。竹竿巷、大胡同、北大关、锅店街、针市街、侯家后等逐渐成为商贾云集、店铺林立之地，尤其是侯家后一带，更成为天津商业、娱乐业的繁华中心。

从1901年至1923年，海河先后进行了6次裁弯取直，其中1918年第三次的"天主堂裁弯"工程就是针对三岔河口进行的。经过这次裁弯取直，三水汇合之处向北推移，就成了大家今天见到的新三岔河口了。

天津的母亲河——海河

海河的形成要比天津的历史久远，海河为天津带来了最早的城市直沽寨，促进了天津最早的港口直沽港与海津镇的出现。有了海河，才有了600年前地处"海运、商舶往来之冲"的天津卫，才有了近代天津这座中国北方最大的工商业和港口贸易城市。所以说，海河是天津的血脉，是天津的母亲河，是天津的主要象征。

徐光启与海河得名

人们通常所说的海河，是指海河水系诸河流汇聚入海的干流，起自天津西的金钢桥，东至大沽口入海，全长72公里。它的上游有南运河、子牙河、大清河、永定河、北运河等五大河流与300多条支流。这些河流像一把巨型的扇子斜铺在华北大地上，组成海河水系。

海河出现在距今约4000年前。在此之前，地球处于全新世大暖期，气温奇高，冰川融化，雨量增多，从而引发了全新世大海浸，鼎盛时海面高度超过现代海面3~5米，今海河平原只是渤海的一部分，根本无河道可言。距今5000年前高海面开始回落。4000年时，今张贵庄、巨葛庄一线开始露出海面，于是就有了最早的海河平原。发源于太行山、燕山的一些河流穿越平原入海，也就有了相当于今天的海河上游段的河道。

海河历史上有沽河、直沽、白河、逆河、滹沱河等别名。明代，海河最通行的名称是"直沽"。如景泰七年（1456）官修《寰宇通志》卷一《顺天府·山川》载："直沽：在武清县东南，卫河、白河、丁字沽合流于此，入于海。""海河"之名，最早见于明万历四十一年（1613）徐光启写的《粪壅规则》一书。他曾就农田施肥问题，根据调查天津、北京以及晋、鲁、江、浙、闽、广等地经验，撰写专著《粪壅规则》，其中有"天津海河上人云'灰上田惹碱'"之句，这是迄今为止"海河"一名最早的史料记载。这一名称一经出现，很快便得到了人们的认可。清圣祖康熙十三年（1674）薛柱斗等修《天津卫志》，虽然在卷一《形胜》中仍以"三岔河"之名介绍海河，并沿用《大明一统志》的说法，在介绍"三角淀"等时仍使用"直沽河"之称，但在卷一"建置·闸河"一项中，却赫然写上了"海河"之名，其中有"城东南角石闸一座，引海河潮水周城四面，由南城水门入城"之句。清康熙二十二年（1683）刊印的《畿辅通志》载："海河，南北运河之汇流也。"此后，海河的众多别称逐渐为海河所取代。

海河工程局与6次裁弯取直

19世纪80年代前，虽然海河河道曲折迂回，但可直通海船。后因泥沙增多，河道淤塞，水位下降，造成吃水在11尺以上的海轮不能直接驶入天津紫竹林码头，只得在塘沽停泊后借驳船转运货物。光绪二十三年（1897）初，直隶总督兼北洋大臣王文韶鉴于海河连年灾害及给两岸居民造成的损失，聘请水利工程师、英国人林德为顾问，与外国驻津领事团团长、法国总领事杜士兰，英国领事宝士徒，天津洋商会主席、英国人克森士，津海关税务司、德国人德璀琳等会商，协议成立了海河工程局。

施行浚渫工程中之海河
上·海河掏沙船之影
下·海河淤塞之情形

海河疏浚工程。选自《四海半月刊》1931年第2卷第10期

　　1900年7月14日八国联军侵占天津，海河工程局被各国租界当局接管。《辛丑条约》签订不久，直隶总督袁世凯与英驻津领事郝伯金商定，对海河工程局进行改组。改组后的海河工程局设秘书长以及总工程师、副总工程师，都由英国人担任。下设总务部、工厂部、挖河部、船坞部、海口部，亦均由外国人任职。该局名义上是中国官署，实际上已成了由英国人操纵，为英国租界利益服务的工具。所以有人将其归纳为：中国衙署，英国掌权，华人出力，洋人受益。

　　该局先后承办了裁弯取直、闭塞支渠、截沙放淤、吹泥垫地、拓宽河道、疏浚港池、冬季破冰等一系列工程，取得了一定的成效。特别是从1901年至1923年进行了6次裁弯取直，使得海河河道缩短26.34公里。从金钢桥到大沽出海口全长72公里的海河干流，航行时间缩短了1小时。不仅河道调直缩短，而且河床刷深拓宽，增大了纳潮量，3000吨级轮船可直驶市区码头泊岸。从1927年到1939年，海河工程局承办了以上游截沙为主的放淤工程。结合河道经常的疏通，以便保持航道水深。至20世纪30年代，海河两岸可供轮船靠岸的码头多达150余处，1936年进出轮船达3730艘，标志着天津对外贸易的兴盛，从而也奠定了天津作为北方重要贸易口岸的优势地位。

"一定要根治海河"

海河流域受季风气候的影响，全年雨量分布极不均衡，夏秋七八月份，上游山区经常发生暴雨，每逢暴雨顺流而下，再加上下游平原的沥涝，排洪排涝不畅，即造成十年九涝。据史料记载，从1368年至1948年的580年间，先后发生较大水灾387次，平均一年多一点就有一次。特别是1939年7月太行山一带山洪暴发，永定河、大清河、子牙河等河流多处漫溢决口，使116个县受灾，淹没了4.5万平方公里，受灾人口300余万，死伤1.2万人，京汉、津浦铁路冲毁160公里，1.4万户房屋倒塌，洪水冲进天津市区，水深达一至两米，街上行舟长达月余。

新中国成立后，海河水系曾修复和兴修了一些水利工程，但由于旧有的一些水利工程年久失修，河道淤积，甚至遭到破坏，虽大力修复，但标准很低。在"大跃进"口号下，一些水利工程上得急，上得快，工程质量很差。1963年8月上旬，海河流域中南部太行山东麓地区连降暴雨，造成近50年来罕见的特大洪水，漳卫河、南运河、子牙河、大清河等河系洪水猛涨，洪水所到之处，大堤溃决，房倒屋塌，平地行洪宽度达百里，受灾严重。

海河流域洪涝成灾，给人民生活带来重大苦难。为此，毛泽东主席特在1963年11月17日发出"一定要根治海河"的号召。

1964年，中央水电部在北京成立了海河勘测设计院，负责海河流域规划工作。9月提出了《海河流域轮廓规划意见（讨论稿）》《海河流域防洪规划（草案）》。随后，组建了根治海河指挥部。地、县、公社等各级党政军机关和有关企事业等部门，相继抽调上万名干部

海河两岸。选自《中华》画报1937年第56期

建立了严密的组织指挥系统。周恩来总理亲自审定海河治理规划，并多次做出重要指示。

根治海河连续奋战了14个春秋，从1965年冬季开始到1979年，每年都有三五十万人南征北战，有重点、分阶段地对中下游行洪河道和除涝河道进行大规模治理。1965年冬至1968年春，治理了海河流域南部黑龙港地区的宣惠河、老漳河、索芦河、老盐河等排沥河道，新挖了子牙河新河、滏阳新河，扩挖了滹沱河、滏阳河中游河道等；1968年冬至1975年春，治理了独流减河、大清河南北支、永定新河、北京排污等排洪河道，同时加固了中部、南部的滹沱河北堤和南堤，拓宽了漳卫新河、卫运河、卫河等河道；1976年冬至1979年春，治理了唐山大地震毁坏的河道和输水干渠，疏浚了清凉江，扩挖了北排河、滏东排河和老沙河。

这14年，共新挖和扩挖34条骨干河道，总长达3700多公里，修筑防洪大堤4300多公里，开挖疏浚了270条支流河道和15万余条沟渠……这些数字记录了这支由数十万人组成的治河大军艰苦卓绝的奋斗和取得的劳动成果，也记录了一个前所未有的治河壮举，更记录了党和政府为民造福的丰功伟绩。

经过这次治理和改革开放后的不断综合治理，海河已成为一条兼具泄洪、航运、供水、灌溉、排涝、旅游多功能的深水河道。

独特的海河文化

海河赋予了天津特有的文化张力，也标志着天津的文化走向与魅力，具备了深沉历史底蕴与丰富文化内涵。几百年来，海河赋予了天津河海交汇、南北并存的传统地域文化。由于海河是一条河海通津的河流，所以作为海洋文化标志的妈祖文化六七百年来在天津绵延不断，天津的天后宫完好保存至今，而且是世界大城市所鲜见。天津人那种不畏艰险的品质，拔山扛鼎的气概，显然是受到了妈祖文化的影响。

天津是个"五方杂处"的城市，生活在海河两岸的天津人绝大部分都是外地人，多姿多彩的江淮文化、运河文化先后在天津落户。天津因受到海洋与海河的影响，在中国北方得风气之先，近代先进文化率先在天津登陆，近代中国的多项第一，如邮政、铁路、电报、有轨电车、海洋化工等等都起源于天津。

海河赋予了天津中西兼容、开放发展的近代先进文化。在海河两岸仁立着九国租界和城市中心繁华区。在一定意义上说，世界各国的风貌建筑就是从海河进入天津的。在海河市区段两岸，点缀着形形色色的小洋楼。天津被称为"万国建筑博览会"，即缘此而得。这里，有曾是华北最大综合性商场的劝业场，有闻名遐迩的商业区小白楼和居住区"五大道"。这里，名人故居触目皆是，近代遗迹无处不存。

开埠前的天津，不过是个"府县同城"，但在开埠后的半个世纪里，却迅速成长为中国第二大工商业城市和港口贸易城市，在北方更是首屈一指。究其原因，就在于天津有着开放、包容、多元的海河文化底蕴，有着不断创新和与时俱进的文化品格，才能使天津有资格在一个多世纪前，就站到了世界先进文化前沿。

随着近几年来天津市政府对海河两岸的综合开发治理，如今，海河更以崭新的姿态呈现在世人面前，天津这座现代化国际大都市和港口城市必将快步进入世界名城之林。

南运河两次筑堤

1917年，华北地区发生历史罕见的大水灾。7月永定河决堤，淹没津郊周围农村。8月南运河决堤，天津南部、西部平原被灾。9月天津城亦成泽国，损失惨重。1921年第3卷第6期《河海月刊》中《天津新堤》一文，为该刊作者江泽译自英文报纸《华北明星报》，记述了灾后筑堤一事。

1918年3月，天津成立顺直水利委员会，由北洋政府原国务总理熊希龄负责水灾善后事宜、主持水利事务。当时因天津租界西南部尚多积水，构圩筑堤之

1921年第3卷第6期《河海月刊》中《天津新堤》一文

事，犹难实行。委员会遂与天津警察厅长杨以德商议，决定在御河（南运河）、海河之间修筑一处临时堤防，以御洪水。工程从1918年6月12日兴工，8月初竣事。临时堤防起于御河南岸的直隶省第一监

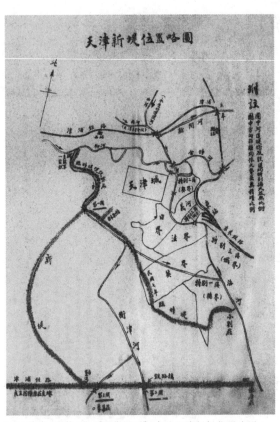

1921年第3卷第6期《河海月刊》中的天津新堤位置略图

狱，止于海河西岸的小刘庄，全长23里，所护土地4.3万余亩，天津城区亦得保障。全堤耗资大洋10.0626万元，其中用于土工7.8389万元、迁坟1.1039万元、购地1.1198万元。因为临时堤防非长久之计，故所占土地除第一监狱附近土地为政府出资收购外，其余各处土地均为政府暂时借用。随着京杭大运河天津段申遗成功，筹建天津运河博物馆提上日程，运河历史资料的挖掘与整理愈加紧迫和重要。

1918年8月，为防水患，顺直水利委员会在直隶省第一监狱至海河西岸的小刘庄之间修筑临时堤防，因大多土地均为政府暂时借用，而该堤数年未动，故而各地主不断向政府催取土地。

1921年春，顺直水利委员会遂决定修筑新堤。津门绅商闻讯后自行组织协助团体，推举李、严地绅为代表，多次与委员会磋商。最终确定，水闸工程归委员会兴筑，堤工则归绅商自办，限于伏汛以前新堤完工。

新堤起于日本租界靶档西之弯曲处，至津浦铁路支线之第四道房止，全长19.5里，堤顶宽12英尺、高20英尺，外坡二处，内坡一处。而自第一监狱至日本租界靶档西之弯曲处，其间计长5.5里，在原临时堤的基础上加高培厚，以保永久。除修筑新堤外，还分别在日本租界靶档附近、惠津河上（津浦铁路支线桥旁）和津浦支线旁之李集庄三地，修建三闸，尤以前两闸尤为重要。

第一闸为便利惠津河上船只航行而设。1921年5月11日开工，6月29日竣工，耗费8000元。该闸以混凝土为主，宽5.2米，高5米，长21.13米，闸墙底厚2米，顶厚70.5米。第二闸在惠津河过津浦支线处，5月28日起，至8月8日终，平均每日工人45名。闸有3孔，基础及闸底均为混凝土，闸墩和闸墙均用砖砌，闸墩之砖均用洋灰胶泥粘砌，地面以上的闸墙，前面用洋灰胶泥，后面用石灰胶泥，凡显露之处，均用机制第一号砖。耗洋7000元。闸墙长11.5米，底厚2.25米，顶厚6米，两座桥墩各厚1米，闸底连接铁路桥下19米。大水到来之即，此闸可用止南来之水。第三闸延至7月5日方兴工，8月5日完工，闸工情况与第二闸相似。闸宽4米，高5.2米，闸墙12.7米，闸底17.75米，闸墙底厚2.34米，顶厚75米。三闸之外，委员会还完成了垫塞多处铁路涵洞的工作。为确保工程质量，修筑新堤所有工程均在该会工程处的监督下进行。

天津卫三宗宝

　　"天津卫三宗宝，鼓楼、炮台、铃铛阁。"这是流传在老天津的一句顺口溜。然而，多年后，随着"鼓楼拆，炮台倒，大火烧了铃铛阁"，三宗宝渐渐从人们的记忆中消失，尤其是现在的年轻人，恐怕很少有人能说出它们的修建年代和准确位置了。

　　1404年，天津设卫筑城时，其实只是一个土围子，后来才用砖砌了正式的城墙。1491年，天津兵备道增建了设有东西南北四门的

三岔河口炮台

八国联军绘制的三岔河口炮台

城楼，并在城中心修建了鼓楼。说是鼓楼，其实并没有鼓，只在鼓楼内悬挂着一口大钟。楼高三层，最底一层设有四面通行、十字交叉的四个圆拱形的通道，行人车辆可以自由穿行。清代天津诗人梅宝璐还为鼓楼题写了一副对联：高敞快登临，看七十二沽往来帆影；繁华谁唤醒？听一百八杵早晚钟声。清朝末年，鼓楼被破坏。辛亥革命后，在天津绅商的号召和捐助下，在原址上重建了一座鼓楼，书法家华世奎重新题写了梅宝璐的对联。1952年，由于城市建设的需要，又把它拆除了。

很多人认为三宗宝中的炮台是大沽炮台，其实不然。1639年，为了防御满洲人的入侵，明政府又在天津城周围建造了七座炮台，分别设在今天的马家口、海光寺西、三岔河口北岸、窑洼南岸、西沽、邵公庄东和双庙街。每座炮台设10名兵士昼夜把守。清代曾将炮台列入"天津八景"之一。在抵御八国联军入侵天津的战役中，炮台充当了保家卫国的战士角色。但它最终仍没能阻挡住八国联军，并于1901年9月25日全部被联军拆除。

铃铛阁并不是一处独立建筑，而是稽古寺内的一座藏经阁。《天津卫志》中明确写着："稽古寺，在城外西北一里许（现铃铛阁中学所在地）。明万历七年（1579）建，后有藏经阁。"为了宣传佛家醒世作用，兼防止飞鸟粪便的玷污，在房脊屋檐檐角围挂了48个长一尺的铃铛，风起铃动，悦耳之声可以传出二三里外。所以，才得名铃铛阁，并渐渐取代了稽古寺名。阁内藏有16柜佛经，其中的《大藏经》包括了几乎全部的汉语传教经典。藏书多为各地名流捐赠的海内孤本。1892年，因稽古寺邻近的木板厂失火，殃及铃铛阁，可叹这一著名古迹连同稀世的藏书均在顷刻间被付之一炬。

八国联军拆城墙

天津城墙曾是老天津的象征，是旧城厢的守护神，是天津人的骄傲，它在抵御自然灾害和防御外侮侵略中曾发挥过巨大作用。只可惜现在活着的人都没能亲眼见到它的壮观雄伟，因为它在一百多年前就被入侵天津的八国联军拆了。

1900年7月，八国联军从大沽口攻入天津，集中24门野炮向城墙一通狂轰滥炸，但已是弹痕累累的残垣破壁，却像一个负伤的勇士巍然屹立着。中国军民据城反击，近700名联军倒在了城墙脚下。由于南门的城墙多年失修，多处塌陷，战前临时用麻袋装土，堵塞缺口。一个叫郑殿芳的奸细把这一情报密告给了日本领事，日军迅速用炸药将这段城墙炸开。7月14日，联军侵占了天津城。30日，在直隶总督衙门原址，联军成立了最高军事殖民统治机构——都统衙门。

1901年1月，都统衙门张贴布告，宣布拆除天津城墙，今后永不再筑。其理由是：从这个城墙上可以有效地以枪弹和炮弹扫射租界地，而且城脚破乱的茅屋成堆滋生病菌，有碍卫生。布告一经贴出，立即遭到天津地方士绅们的强烈反对，他们认为拆除城墙的行动是一种野蛮、不文明的破坏行为，并多次请愿表示：请让我们免于遭受居住在没有城墙的城里的耻辱！但都无济于事。

1900年前的天津城墙

数日后，都统衙门将拆除城墙的工程包给了一个叫曹剑秋的人，给他的酬劳是：除了拆下来的城砖归曹所有，还付银一万元和大米一万袋。曹接手工程后，又分段包出去，自己则坐享其成。这座长达3英里，与天津人民一起经历过离乱、战火、灾难，与天津人民有着深厚感情的城墙，仅用了3个月就全部拆除了。与曹剑秋迅速成为"庚子暴发户"形成鲜明对比的是，随着城墙根下的民房被强行拆除，众多百姓流离失所，露宿街头。

拆下来的城砖大多被洋行著名买办梁炎卿、郑翼之买走，用于修建私宅围墙了，后由于多次改建，旧城砖的遗迹已无存。但梁炎卿用城砖在今唐山道与新华路交口处建造的房屋至今还在。

城墙拆除几个月后，都统衙门又下令在旧址上改建了四条环城马路，即今天的东、西、南、北四条马路。

古老的府署街

府署街位于南开区东北部，东起北门内大街，西至西马路，因天津府衙门坐落于此而得名，至今已有近300年的历史了。

明永乐二年（1404），燕王朱棣建立天津三卫，左卫在东门里，右卫在右营，天津卫衙就设在今天的府署街上，但当时还不能叫府署。清雍正十二年（1734），天津设立府，在明朝卫衙旧址建立知府公署衙门（今城厢礼堂），门前形成街道，官方称之为府署街，民间则叫府衙门街。

府署街还称大仪门口（一称大宜门口），但这种说法不够准确。原来在府署街的东端曾建有一座仪门，名大仪门口。《明会要·官员礼》中记载："新官到任之日……引至本衙门仪门前下马。"也就是说：大仪门口其实只是府署街的一部分，它并不能完全代替整条街道。当年的府署衙门正门朝南，后门在北马路上，正如老百姓的顺口溜所言："衙门口朝南开，有理没钱别进来。"

府署街两侧多为砖木结构平房，间有几所深宅大院，东端两侧有老式二层小楼。街上胡同很多，如蛛网密布，三圣庵胡同、城守营胡同、武学胡同是三条较大的胡同。在街中段，斜对着府署的是鲍公祠胡同，以祠得名，正名应称报功祠，是为了纪念明嘉靖三十三年（1554）整饬副使毛恺所建的。沿街向西行，是南、北项家胡

20世纪20年代的天津西北角城隍庙

同。这个胡同的来历还有一段故事呢！这里的项家指的是曾在津为官的书画家项嘉谟。项嘉谟字君禹，其祖父项元汴，江南望族，中国著名的收藏家、鉴赏家和书画家，是中国民间收藏家唯一能与内府相颉颃者。"天籁阁"是他家的斋名和藏书画印的图记。项嘉谟曾任蓟辽守备，居津多年，后归隐江南。清顺治二年（1645），清军攻陷南京，项嘉谟一手抱着自己一生创作的所有书画，一手抱着心爱的妻子，投入南京的天心湖，以身殉国。

　　府署街西端有座城隍庙，为明永乐三年（1405）所建，早年是用来劝善惩恶的，当时香火很盛。后来天津设府，城隍庙被分成府、县两个城隍。为纪念1870年在天津教案中被曾国藩斩首的20多条好汉，从1871年开始，在这座庙里，天津百姓每年四月初六、初八自发地举行鬼会。坚持了70余年，直至1945年。

官银号史话

　　1900年八国联军侵占天津，随之而来的是经济掠夺。他们在今解放北路上集中设立银行，以达到控制整个华北地区金融、贸易的目的。凭借强大的武力做后盾，加之拥有雄厚的资金保证，他们建立了具有科学管理制度的银行，脆弱的天津票号、钱庄一下子就被挤垮了。

　　1902年，袁世凯担任直隶总督时，在提倡"新政"的同时，为保护中国的金融事业，抵制西方国家对天津的经济侵略，他于9月

天津钞关，图为1903年建成的官银号

津门掌故

天津官银号

呈请户部立案注册，在城东北角的三义庙（今正兴德茶庄西侧）成立了"直隶官银号"，委银圆局总办周学熙兼任督办。周学熙利用掌管北洋银圆局铸币之权，从"其余所得约计岁可得七八十万两"的款项中，每年扣银40万两以充官银号资本，增强官银号的实力。

官银号是直隶省最早的新式银行。在北京、上海、汉口、保定、张家口、唐山等地设立分号。该号为四合院落，建有二层楼房，楼上建有小三楼存储钞票，院中上有花玻璃罩棚，有职工290余人。其东侧附设门面，开办"博济储蓄银号"，兼营存款业务。

它的宗旨是："维持市面，振兴实业"。承拨北洋铸币，平抑市价，维护铜圆币值，发行银圆、钞票，兑换现银，办理汇款，管理行政经费等，是它的主要金融活动。一方面，它借助公帑搞社会储蓄和发行银两票、银圆票、钱票，聚集大量官民资金；另一方面，又以低息放款方式将集聚之资金借垫于私营企事业，成为北洋实业与直隶早期资本主义工商业创业和发展的重要金融支柱。

后因清政府在天津成立了"大清银行"（即中国银行的前身），而"直隶官银号"又是一个未经政府许可的过渡组织，于是到了1913年，在北洋政府财政部的主持下，改为"直隶省银行"，并发行纸币。但随着北洋军阀的垮台，纸币的一再贬值，1928年，东北角的官银号又由直隶省银行改为"河北省银行"，但仍不景气，终于在天津解放前夕收市。

如今，东北角官银号早已不复存在，但天津卫的老人们仍习惯把东北角一带称为官银号，这一是出于人们的怀旧心理，二是说明官银号曾给人们留下深刻的记忆。

锦衣卫与锦衣卫桥

在河北区的南部，北起金钟路、南至小关大街，有一条锦衣卫桥大街，它因清乾隆年间在金钟河上建起的锦衣卫桥而得名，而这座桥的命名还得从天津的锦衣卫说起。

据《明史》记载，锦衣卫原为明代设置的禁卫军名称，是明成祖朱棣于明初设置的亲军二十二卫之一，属于世袭的特权阶级。其职能为"主巡察、缉捕、理诏狱"等。《明史·职官志》中记有"十五年（1417）罢置司，改设锦衣卫"，明确地告诉我们锦衣卫出现在1417年。1421年，朱棣迁都北京，北京就成为明代的政治中心。为了保卫北京，明廷特派皇帝亲军锦衣卫在天津护卫，驻军就在今陈家沟子西北至贾家大桥以东，即小关街口，专设锦衣卫指挥使衙门，老百姓简称它为锦衣卫。

清代史料中曾对锦衣卫做过详细记述，其中写道："锦衣卫则统校尉力士。皇帝临座，则夹陛而立；乘辇，则扶辇而行。接触既迫，信任遂亲。始则传宣谕旨，继乃擅作威福，兼为皇帝之耳目与爪牙。中叶以后，勋戚子弟多寄禄于其中……永乐时，增置北镇抚司，则指定之特殊事件，皆得由北镇抚司任意处理，不经法司，欺压良善，草菅人命，暗无天日。为明代弊政之一。"这段文字简明扼要地记述了锦衣卫的职能、与皇帝的关系以及在朝廷的纵容下逐渐发展成为

锦衣卫桥。选自《天津市政府公报》1933年第54期

祸害一方的恶吏。

清乾隆十一年（1746），在金钟河上建了一座桥，取名锦衣卫桥。《续天津县志》记载："锦衣卫桥，河东小关东北，明锦衣卫指挥地，乾隆十一年造。"由于锦衣卫人员不断更换，许多退役人员便就地在此安家，多年发展，渐成规模，明末清初聚集成村，取名锦衣卫桥村。

至清咸丰年间（1851—1861），因清廷的军机大臣焦佑瀛也住在锦衣卫桥村，为其出入方便，便在此拓建了一条街道，以桥命名，

津市兩個歷史遺蹟

錦衣衛橋——費宮人故里

天津專頁
一九三九年夏 瀾禾

摩訶

咬耳朵大觀

賦得咬耳朵

談捉狗

寶嘉夢夢寫

1939年第35期《立言畫刊》介紹錦衣衛橋和費官人故里

即锦衣卫桥大街。

清末锦衣卫桥周围的自然风光极其秀美，堪称天津一景。天津文士华鼎元曾作《锦衣桥》诗赞美道："青帘斜挂杏林边，垂柳荫中系钓船；记取锦衣桥畔路，澹烟疏雨暮春天。"

清同治十三年（1874），法国传教士曾在此建立天主教堂，当时正值火烧望海楼后不久。虽有当地民众的竭力反对，天津县慑于洋人势力，教堂还是如期建成了。但随即在义和团运动中便被付之一炬。

1953年施工金钟河下水工程时将锦衣卫桥拆除。1954年将大叠道、韦驮庙街相接，统称为锦衣卫桥大街。

南开的由来

旧时的南开比今天的南开要小得多，专指旧城区的西南部，这里原是一片开洼旷野，丘墓起伏，芦苇丛生，沟渠纵横。古代天津城郊八大景之一的"南原樵影"指的就是这里。

早在明永乐初年，驻扎在天津的士兵就在南门外一带屯兵种田。清康熙年间，天津总兵蓝理开垦水田，用驻军的劳力将南门外的种植区向南延伸，得水田150多顷，又从浙江、福建迁来农民，参加

天津南开八里台。选自《红杂志》1924年第2卷第35期

南开学校门前

开田种植水稻。水田分为东西两圈，时称"蓝田"，今天的西湖村就是由西圈演变而来的。

据明代天启年间的《天津卫屯垦地图》所载，当时这里只有一个名为太平庄的小村。1846年《津门保甲图说》显示，这一地区已经有了几处庙宇和炮台庄，往西是官柴厂和掩骨会等民众聚居点，四周则是坑塘洼淀、坟墓义地、乱葬岗子，人烟稀少。1900年八国联军入侵天津，随着老城四面城墙的拆除以及新兴起的资本主义需要，居民区逐渐南移，开拓范围，渐成规模。民众遂习称此地为"南开"。

1903年，比利时商人在南开筹建电车电灯公司。1907年，天津近代教育家张伯苓创办的"私立第一中学堂"迁至该公司以南。此后，该校以地名更称为南开学校。1910年后，为了与天津日租界地内的畸形繁荣相抗衡，北洋政府提倡繁荣南市与建设南开的新政，一些军阀、官僚、买办纷纷到南开投资，经营房地产，为南开的发展起到了推动作用。原天津警察厅厅长杨以德、上海警察厅厅长徐国良、福建督军王永泉、陆军总长陆锦、天津商会会长王竹林、新泰兴洋行买办宁星普等，都曾在此拥有大量房产。他们填沟渠、平丘墓、拓马路、盖楼房、建民宅，南开的基础设施建设得到迅猛发展，居民人数剧增。至民国初年，东起杨家花园，西至南开中学的一片居民区已粗具规模。

新中国成立前的南开，大部分平民住宅为简陋的平房，后因年久失修而淤沉，形成"三级跳坑"，边沿地区则是贫民区的窝铺，"无风三尺土，有雨满街泥"，是当时南开街景的真实写照。

新中国成立后，南开发生了翻天覆地的变化，"三级跳坑"消灭了，先后建成了从南开一纬路到四纬路、从南开二马路到五马路等几十条交通干线，兴建了医院、公园、体育场等公共设施，服装街、文化街、食品街相继建成，人民生活发生了根本改变。

北洋军阀的发源地小站

天津小站因培养出中国第一支使用西方武器和军事技术装备的正规部队——北洋新军享誉全国，更因培养出袁世凯、冯国璋、徐世昌、曹锟四任民国总统而永载史册。

据史籍记载，小站形成村落距今至少有1000年的历史了。除了宋、元、明、清时期那里得到开发外，尤其应该提及的是，清光绪元年（1875），直隶总督李鸿章先后派出他的防守提督周盛传、周盛波兄弟在小站屯兵开荒，用6年的时间造田1.6万亩，时称"官田"。从此，外地谋生者不断迁入，至光绪十九年（1893），小站一带或耕种农田已达3.4万亩以上。随着荒地的大面积开垦和种植优质小站稻面积的迅速增长，更多的外地人来到小站及周边的咸水沽、葛沽、双港、白塘口等地落脚谋生，促成了这一地区"人烟稠密、日趋繁荣"的

清光绪年间，奉旨建于小站用来祭祀周盛传、周盛波的周公祠

小站新军正在操练

局面。

中日甲午战争后，中国失败割地赔款，清政府决定建立新式陆军。光绪二十一年（1895），醇亲王奕譞和庆亲王奕劻保举袁世凯负责督练，地点选定天津小站。袁世凯来到小站，接收原来在这里的清政府的"定武军"，扩编为马、步、炮、工各种兵种齐全的新式陆军，并成立了速成武备军官学校，后改称讲武堂。

1901年，小站新军改为北洋军，添置洋枪洋炮，加强兵力，成立练兵处。徐世昌任总提督，下设三个司，冯国璋任军学司正使，段祺瑞任军令司正使，曹锟任第三镇编制。1911年10月武昌起义后，袁世凯逼溥仪退位，窃取辛亥革命成果。而在小站新军中，冯国璋、徐世昌、段祺瑞、曹锟、张勋、张敬尧、唐绍仪、王士珍等30余人后来成为了割据一方的大军阀。

从小站练兵起形成的北洋军阀集团，势力遍及全国。袁世凯执政后期，北洋军阀开始分裂。而袁世凯死后，更分成皖、直、奉三系。皖系首领段祺瑞，直系首领冯国璋、曹锟、吴佩孚，奉系首领张作霖。直到1926年段祺瑞被赶下台，1928年12月29日张学良宣布"改旗易帜，遵从三民主义"，把奉系军队改编为东北军后，北洋军阀时期宣告结束。

东方华尔街——解放路

　　贯穿和平、河西两区的解放路是天津市的第一条柏油马路。以徐州道为界，徐州道以南的河西区地段为解放南路；徐州道以北的和平区地段称为解放北路。

　　解放南路是指从徐州道与解放路的交叉口起，到今天的珠江道之间的道路。历史上曾分三次建成：徐州道交叉口处到海河中学之间这段，是1863年英国人开拓的一条土路；从海河中学到琼州道、小刘庄之间这段，是德国人1913年建成的一条沥青路，当时是德租界内最长的一条路，称为第一号路，也叫威廉路，1917年更名为威尔逊街，1937年称十区一号路，1941年改称中街，1945年抗战胜利后复称威尔逊街，1949年为纪念天津解放命名为解放路，1953年定名为解放南路；从小刘庄到珠江道段，是1958年、1982年、1988年多次拆除部分民房后向南延伸而成的。

　　解放北路的道路分两段建成：解放桥至营口道一段属于法租界，始建于1860年，时称大法国路，也称中街，日伪时期改称兴亚二区七号路；营口道至徐州道一段属于英租界，始建于1870年，1918年扩建，称维多利亚路，也称中街。1946年，国民党政府将两段道路合并，统称中正路。1953年定名为解放北路。

　　解放路两侧有许多外国建筑，1863年英国传教士殷德森主持建

1896年建成的华俄道胜银行（今解放北路的中国银行外汇部）是中国第一家中外合资银行

1925年的维多利亚道（今营口道至开封道之间的解放北路）街景

造的利顺德大饭店，为外国人在津开设最早的一家豪华饭店；1907年鲁麟洋行投资兴建的德国俱乐部（今政协礼堂），采用砖木石混合结构，具有日耳曼罗曼式造型，是典型的德国建筑风格；1916年美商易固洋行经理库拉也夫投资兴建的大华电影院（今北京影院），与平安（今音乐厅）、蚨蝶（今大光明影院）两家影院呈三足鼎立之势，共同垄断着当年天津的电影业；1939年瑞士籍白俄人李亚溥投资、著名法国建筑工程师穆勒设计的利华大楼，当时为天津的最高建筑，登至楼顶能鸟瞰整个天津卫。这些建筑风格各异，有哥特式、罗曼式、巴洛克式以及欧洲文艺复兴时期的二三层楼房和少数新建现代主义风格的高层建筑，素有"世界建筑博览会"的美誉。

最值得一提的是，解放路更因拥有世界各国的银行而被称为"东方华尔街"，有日本横滨银行、英国麦加利银行、俄国道胜银行、英国汇丰银行、美国花旗银行、比利时华比银行和法国汇理银行等。如今这里已成为天津的金融中心。

金钢桥鱼市的变迁

　　天津地处九河下梢，周边地区又多洼淀渠塘，鱼肥虾鲜蟹美味。白洋淀、胜芳、塘沽、汉沽、潮白河等地的渔民不能自产自销，鱼栈便应运而生。20世纪二三十年代，天津出现了批发为主零售为辅的鱼市，以金钢桥东桥头鱼市最成规模，至30年代末这里已发展至数十家鱼栈。鱼栈内有账房、库房，满院天棚到顶，棚下铺设苇席。鲤鱼、鲫鱼、鲢鱼等淡水鱼在鱼市常年有售，刀鱼、黄鱼、快鱼、对虾、螃蟹等则是应季上市，驰名中外的天津银鱼在这里也能见到。鱼市形成后，便垄断了天津的渔业，渔船随到随卸货，全部交售鱼行，非经鱼行手不能上岸出售，各类鱼虾过秤定价，一概由鱼行说了算。

　　鱼市里的摊儿架着长案，板子上放着很深的专用木桶，与当年的水缸相似，最普通的鲫鱼、鲤鱼则放在木盆里。鱼类以鲜活为卖点，木盆里的鱼活蹦乱跳，不时有水溅出，弄得整个鱼市遍地是水，以致道路泥泞。一些海鱼运来时即为死鱼，虽然上面码满了冰块，但仍是腥臭难闻。各鱼铺内部狭窄，交易多在门前的马路上进行，影响过往车辆的正常通行。

　　1938年9月15日，天津特别市临时检疫委员会以"金钢桥鱼市，接近要冲，秽气传播过甚，值此防疫紧张之际，殊与卫生有碍"为

津门掌故

由，呈文市政府，建议将该鱼市迁往他处。20日，市政府批准呈文，勒令鱼市限期迁移。23日，祥发鱼栈王海山、同德鱼行王俊荣等20余家鱼铺，联名呈文市政府称：我等经营鱼栈生意，年代已久，且鱼市靠河生存，离河岸即不能靠船，即无鱼可卖，无法求生。检疫委员会只提迁移，并未指定迁移地址。因无地可迁，鱼市无异于停业。为此，临河鱼栈不下20余家，直接赖以求生者不下万余人，将如何为生？鱼市可以遵防疫局和卫生局意旨，改为夜间卖鱼，天明扫除净尽，使业务与防疫两无防害，以免鱼行生路断绝。请求政府收回成命，准予继续营业，免予迁移。

10月2日，天津特别市政府批示：据呈金钢桥鱼市既属觅地困难，又能遵照卫生意旨，力求改善，拟准予暂免迁移。

1940年3月，金钢桥东桥头以南沿河马路改为单行路，鱼市一带顿成交通要道，整日车马辐辏，川流不息，但鱼市每日下午均在门前设市交易，既妨碍交通又有碍卫生观瞻。为此，市卫生局长傅汝勤呈文天津市政府，再次请求迁移金钢桥鱼市，并提议迁移至西窑洼及大红桥一带，因为那里既较僻静又属临河，批发鱼类极为相宜。29日，市政府训令警察局转饬各鱼行，将鱼市限期迁移至西窑洼或大红桥一带。

4月19日，渔业公会会长陈静波呈文称，鱼商等在该地求生多年，一旦迁移，不但找房困难，即使觅地起盖亦非易事，如果无地可徙，势必自动停业，请求政府收回成命。渔业公会制定了卫生改进措施，印成《卫生须知》传单发放至每家鱼行。《卫生须知》规定：每日进市鱼虾等货，力求新鲜，不得稍有陈腐；每日鱼行卖货后，必须勤加扫除；每日必须力求清洁，不得稍有污秽；各鱼栈服从本会卫生指导员之指导，切实讲求卫生。

5月16日，警察一分局会同社会局、工务局、卫生局，召集鱼商代表开会，决定限一星期内鱼行另择卖货地点，柜房仍准暂住办公。但各鱼栈为避免迁移又提出取消日市，只营夜市，经营时间从每晚10时起至早6时止，并由渔业公会制定了改善措施：一、鱼市各商卖货日市取消，一律改为夜间经营一市，天明行贩渔客不得留连一人，不准在门前堆货，且桶筐随卖随走，为交通起见，起卸则在背巷，每日存货或用冰桶存于院内，或用冰桶存于船上。二、鱼市夜间卖货后，即铺垫白灰，洒以消毒水，派专人扫除。

但市政府这次态度极为坚决，5月23日凌晨3时，市警察局第一分局出动警力，强制停止夜市交易，将鱼市商铺一律迁至金钢桥西侧的三合公。

鱼市虽然迁移了，但新址既没有房屋或棚席，而且地势狭窄，不敷应用。各鱼商不但在露天经营，而且渔船大量来货后更是无地存货。为此，渔业公会再次呈文市政府称，因桥西地势狭窄，鱼商过于拥挤，既无房舍又无罩棚，露天卖货，人无栖身之所，货无存放之地，来货稍多，必致腐烂倾倒，损失匪浅。新址正当南运河北口与海河汇流之域，南岸岸高水浅，面积又小，货船无法停泊，船

1934年时的天津金钢桥鱼市

只拥挤,屡被水上警察局罚办。因此渔船不敢贸然大批来货,各商业务锐减。又闻该地经建设总署勘丈,拟修单行路线,倘果实行,鱼市势必再次迁移。

与此同时,鱼类牙行营业税包商朱荣绶则称,各商多已通知客方停止发货,此举实与税收有关。表面是鱼市的迁移,实质为鱼税的损失。为此,要么恢复夜市,要么核减税款。

当时与鱼市近在咫尺的金钢桥菜市已被列入迁移之列,但在蔬菜业公会的力争下,准予免迁。再次引起渔业公会的不满,呈文质问市政府为何厚于彼而薄于此?

8月1日,市政府遂令警察局、卫生局、财政局分别查明金钢桥鱼市的真实情况。

警察局报称,鱼市于23日即已迁至三合公西边照常营业,迄未稍停,包商朱荣绶捏词蒙混,意图核减税款。

卫生局报称,渔业公会所定改善办法尚属可行,成绩尚佳,缓迁未为不可。

财政局报称,鱼市迁移后,地势不敷应用,船驻无地,客方裹足,来货大减,税收随之减少。唯有恢复夜市,以固税收。

因警察局、卫生局、财政局各执一词,莫明真相,市政府遂派田久荣视察员再次实地调查。经过10余天的调查,9月初将调查结果呈报市政府:“先年金钢桥鱼市一带交通并不繁要,近因该处马路兴修,改作大胡同之单行路,交通情形骤成重要。每当晨际,鱼市交易期间,与交通、治安不无关系。自迁移后,各鱼商大部照常营业,无何停止来货。至鱼类牙行包商朱荣绶所称,桥西地势狭小,不敷应用,河道不便等情,尚为事实。其税收减少一节,详经调查往昔鱼市淡旺情形,以春季为畅旺,以夏秋为淡减,鱼市迁移时正当鱼市旺季已过淡减甫至之时,税收减少自属难免。至鱼商令外埠暂缓来货和建设署拟在该处改修单行路各节,似与事实不符。渔业公会所称，为谋治安、卫生、税收兼顾计，拟在桥南改为夜市，事与警察、卫生、财政三局职责有关，可责令该三局会商办理。"

参考田久荣的调查结果，9月10日，市政府分别训令渔业公会、财政局、警察局、卫生局：鱼商呈请恢复鱼市地点毋庸再议，应仍在新址交易。

但鱼商仍不肯轻言放弃，此后又多次呈文市政府，讲述新址种种不便，请求夜间暂在旧址院内存货销售，日间仍在新址交易。11月30日，卫生局呈文市政府，建议对于鱼商所请姑予照准，明春一并迁移。但在警察局的一再坚持下，市政府仍旧坚持鱼市迁移的决定。至此，金钢桥鱼市从桥东迁至桥西已成定局。

1946年6月4日，市民孙华轩致函市卫生局称，金钢桥横跨海河，南通罗斯福路，北连中山路，车水马龙，络绎不绝，中外人士，熙来攘往，诚为本市交通总枢，在此地区亟宜注重公共卫生。而肩挑鱼贩利用敌伪时期警政腐败，贿运岗警，逐渐扩展，聚作鱼市。路面泥泞，腥臭恶秽，过者掩鼻，嗅者欲呕，殊碍卫生。时届溽暑，瘟灾宜慎。希望卫生局在警察局的协助下，立即将鱼市取消，以重卫生而利交通。

卫生局遂派人与该地保长杨德清等赶赴鱼市调查。经查，金钢桥鱼市自桥东迁移桥西经营后，与官银号菜市相距咫尺，营业时间为凌晨2时至6时。因该处地近河道，初为批发之所，因地处热闹，鱼贩顺便在此卖鱼，日久天长，愈聚愈多，遂成规模。抗战胜利后，各处鱼贩蜂拥而至，鱼铺林立，当局为体恤民艰，并未严加制止。鱼贩便贿通岗警，顺延至桥南，及至大胡同北头，侵及马路，妨害交通。警局也曾出动警力，严厉整顿大胡同以北鱼市，鱼摊一律移至西墙根，不准靠近桥边及道旁，并由鱼市摊贩代表强华里、赵金声、胡三、李四等4人维持秩序。但时间不长，各鱼铺又卷土重来。河沿鱼店林立，鱼担星罗棋布，满地污秽、鱼腥难闻均属事实。

金钢桥旁的直隶总督衙门

　　17日，市卫生局批示称，鱼市设置已历有年所，似未便予以取消，除随时派员督促各商保持清洁外，拟请警察局对各商设置地点予以限制，勿使靠近桥边及道旁，以免影响交通。

　　据当地老人回忆，天津解放后，金钢桥鱼市仍然存在了很多年，直到20世纪50年代末才被取缔。

老天津的村、里与别墅

　　在旧天津租界的居民区内有"村""里""别墅"之称，那么，这三种区域的建筑和居民有什么区别？1942年第17卷第2期《三六九画报》"天津版"专栏中的《天津租界里的"村""里""别墅"》一文，回答了上述问题。

　　天津租界当局将地卖给开发商，开发商盖起密密匝匝的一片片楼房或平房，编成次号出租，其中一条条的连排房，如法租界绿牌电车道（从天增里至西开教堂）一带和墙子河沿岸（今南京路），多

称为"里"。这里的每所住房大小相当，破旧的矮门，虚掩着半扇，向里望去，住房很小，一室仅容五六人。屋顶低矮，人站在凳子上就能碰到头。大杂院内堆放的各种破烂：半块卷席、一堆煤球、两只木箱、几只臭鞋，仅留一条蜿蜒曲折的细窄走道。一大片居民区仅有一个公共厕所，炎暑天气，气味难闻。这里的住户多为下九流：卖面茶的、卖耗子药的、拉胶皮的、唱蹦蹦戏的，还有晚间拉客的野鸡……一个院子通常住

1942年第17卷第2期《三六九画报》封面

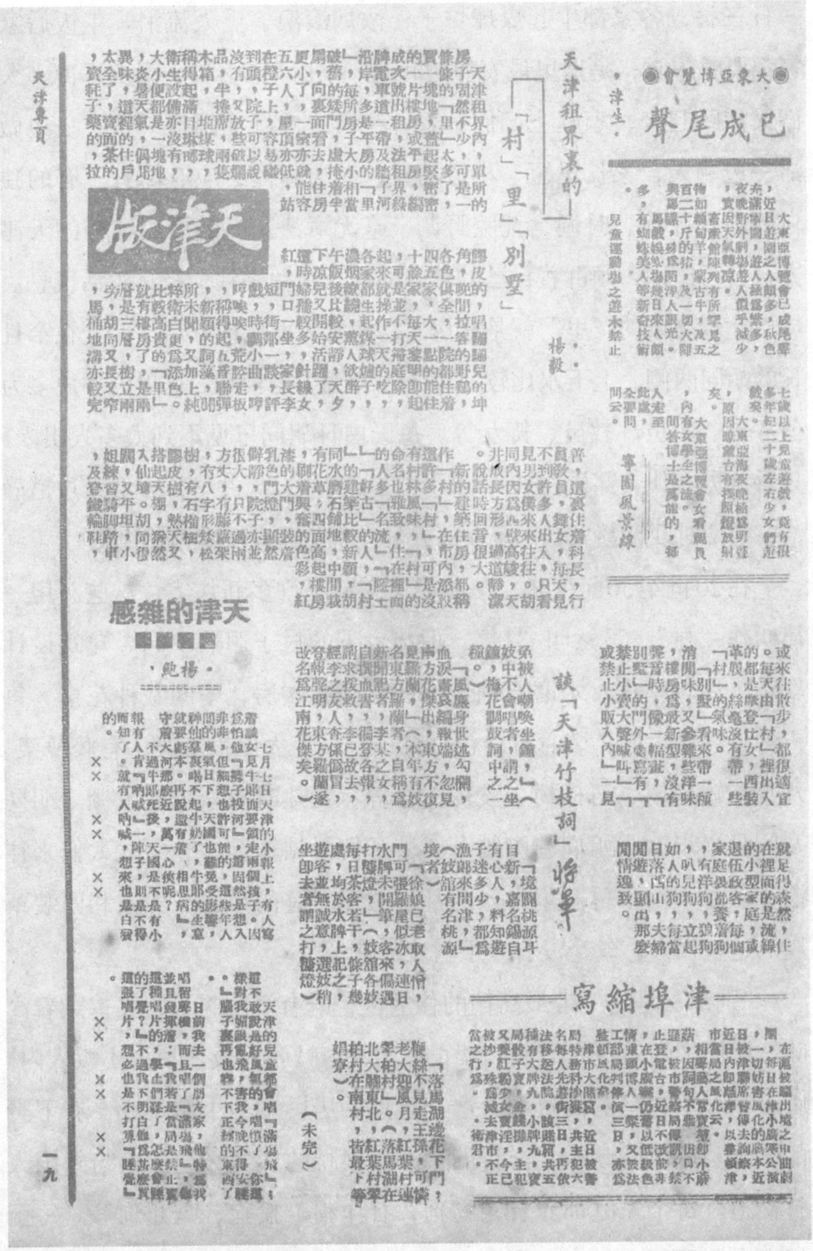

天津租界里的

「村」「里」「别墅」

杨毅

版津天

大東亞博覽會

津生·

巴尾成聲

天津的雜感

·杨毅·

談「天津竹枝詞」 将草

津埠縮寫

《天津租界里的"村""里"别墅》一文

四五家，大一点的也有十余家。他们黎明即起，一睁眼就开始操持一日三餐，各家都生起煤球炉子，浓烟滚滚，熏人流泪。午饭后家家都要睡午觉，是这里最安静的时刻。午后4点多钟，天夕下凉，人们又活跃起来，家庭主妇们拿着针线活或女红往门口一坐，一边做活一边聊天，家长里短、小道消息、花边新闻，应有尽有。有的独自哼唱着评戏、时调，荒腔野调，毫无章法。有的更用纯粹的天津方言自己作词，倾诉着自己的苦辣酸甜，新颖别致，极具生活气息。

比较高级的"里"就是楼房了。通常为两层或三层，伫立在窄且长的胡同两侧。上下水比较完善，环境卫生也较好。这里的住户多为公务员、职员、教员、舞女等。每天白日胡同里见不到太多人出入，只看见男女仆人穿梭往来。胡同内四壁高峻，天井呈长方形，过道静洁，说话时回音甚大，每至夜深人静，难免让人产生惊悚之感。

在20世纪30年代末，法租界又盖起了许多新住宅，这些新房一律叫作"村"。虽然叫"村"，但与乡下的村子迥然不同。建筑设计新颖，用料精良。水磨石铺地，四面高起楼房，中间栽种花草。每户都是红漆大门，装着乳白色门灯，院子不大但很幽静，有藤萝架、八字形矮松树、石榴树、胶皮树等等，天热时家家搭起天棚。胡同宽阔且平坦，小姐们骑脚踏车、公子们滑轱辘鞋，先生太太们来往散步。每天由"村"里出入的都是时髦摩登的小姐、太太和西装革履的达官贵人，丝毫没有乡下村庄的味道。

"别墅"是这一带最高档的住宅区，既有消闲味道，又掺杂着洋味。居民区的入口处架着"禁止小卖大声喊叫"或"禁止小贩入内"牌子，显示这里的高贵和森严。这里的居民多为小型家庭，有下野的军阀、退伍的政客、洋行的买办、银行的襄理，他们多与外国人打交道。每个家庭都养着宠物狗，有洋狗、狼狗、叭儿狗等。每至周末夕阳西下之时，先生太太们夜生活才算开始，他们出双入对地携手外出闲游，或泡舞厅或到酒吧，午夜过后方才打道回府。

天津"八大家"都是谁

"韩高石刘穆，黄杨益照临。"这是咸丰初年（1851）天津卫流传着的一段顺口溜，说的是天津早期最富有的"八大家"。

说起"八大家"，天津卫上年岁的老人可能都能说上来几个，甚至有的还会说益德王家、高台阶华家、乡祠卞家等等也是"八大家"。那么，天津"八大家"到底都是谁呢？

早在元、明两代，天津就已是漕粮北运的枢纽，成为华北、东北粮食的集散地。明万历年间，在盐务上实行"纲法"，盐商垄断了营销，世代沿袭。到了清代，天津的经济地位日显突出，海运和粮食贩运迅速发展起来。海运、粮业、盐务的发展，也促成了天津"八大家"的产生。清初，天津最先暴富的要属盐商：张霖在北京、天津建造了豪华宅邸和园林；安麓村（即安岐）斥巨资在全国范围内收买稀世书画，成为大收藏家；查日乾建造了著名的水西庄。后来又有承办盐务的东门里权家、南斜街高家、只家胡同董家，从事海运业的海下高家、东门里韩家等等。随着富户豪门声名日隆，人们逐渐把他们归为一类。于是，在咸丰初年就形成了"八大家"的说法。因为张霖、安岐、查日乾家当时已日渐没落而未能入选。

"八大家"中，天成号韩家是靠海运业发迹；益德裕高家、振德黄家、长源杨家和益照临张家是靠盐务起家；杨柳青石家、土城刘家、正兴德穆家则是靠粮业而发家。

后来，随着岁月的流逝，"八大家"中有的因后人不善经营与挥霍无度而走向衰落，同时，又有新的富豪逐渐崛起。如李善人家和益德王家就是因包运盐引而异军突起的。至清末，"八大家"中又增添了乡祠卞家、益德王家、高台阶华家和李善人家。所以，就出现了"天津卫，有富家，估衣街上好繁华。财势大，数卞家，东韩西穆也数他。振德黄，益德王，益照临家长源杨。高台阶，华大门，冰窖胡同李善人"的新顺口溜。

进入民国后，天津又出现了"新八大家"，如元隆孙家、敦庆隆纪家、同益兴范家和瑞兴益金家等等。后来，随着社会的发展、富豪的日益增多，又有人按行业分出了"钱业八大家""棉布业八大家"等等。由此看来，由于"八大家"之说流传已逾百年，经历了前后多次嬗变，最后也就成了天津地区富户豪门的一种通称了。

镇署衙门史话

南开区鼓楼西路北有两条胡同：一条叫镇署西箭道，一条叫镇署实胡同，这两条胡同的由来均与明代镇署衙门有关。

天津镇总兵官公署是明朝政府在天津设立的官衙，据《天津卫志》记载："总镇系天津卫旧公署，衙门一座……建总兵。万历四十八年（1620）添设。"由此可知，镇署所在地原为明代天津卫衙，后来卫衙迁至北马路旧县署址——旧府衙署址后，这里才成了天津总

镇台（镇署）衙门，原为天津卫署，建于明永乐三年（1406），清顺治元年（1644）改为总兵官署。地点在鼓楼西大街，现已不存

坐落在东门内仓门口、建于1734年的天津县署

兵官的镇署衙门了。《天津县志》也说："天津镇署总兵官公署在鼓
楼西大街，系天津卫旧署。"而旧县署就在现在的西门内大街东端
北侧。

　　总兵官是明清两代武官的名称，是重要的地方武官职务，无品
级、无定员，但遇有战争，总兵可佩带将印出征，事毕缴还。清代
中后期才成为地方常驻武官。总兵官所辖的部队称镇，故总兵官俗
称为总镇或镇台，简称总兵。《明史·职官志》中记载："总兵官、
副总兵官，无品级、无定员，总镇一方者为镇官。"《文献通考·职
官》中记载："明初，凡天下要害处所，专设官、统兵镇戍。其总守
一方者曰镇守。"

清乾隆年间，镇署附近开始有人投资建房，其后逐渐成巷，迁入居民。随着居民的增多，居民区逐步向外延伸。清光绪年间，部分居民定居于镇署南的一条北为实口的胡同。因地处镇署附近，前者称为镇署西箭道，后者叫作镇署实胡同。

清代沿袭明朝在天津的建制，也在天津设立总兵，但清代的天津总兵必须是绿营兵高级武官，受提督节制，掌握本镇军务。《施公案》中有一段与镇署衙门有关的故事：传说清同治年间，天津海下的绿林好汉黄天霸曾为施世纶侦破过几桩大案，遂被派任天津总兵，后被人刺杀在镇署衙门，因为凶手事先埋伏在辕门的旗杆斗上，故而轻易得手。所以，此后天津镇署衙门的旗杆头改斗状为平面圆板形。这也正是天津镇署衙门的旗杆头与全国各地不同的原因吧。

进入民国后，镇署的驻军由镇守使管辖。20世纪20年代末，镇署衙门迁出，房屋先后卖给天津百姓居住。后来房屋严重老化，住户遂推倒翻建，建成的新房已完全没有了镇署衙门的模样，只留下了镇署大墙胡同、镇署实胡同、镇署西箭道等一些老地名。

早年的鬼市

鬼市最早形成于19世纪末，几经迁址，最后落脚于老城区西南角西广开，新中国成立前它与"三不管"齐名，是个藏污纳垢的场所。

19世纪末年，在西关街烈女祠附近，每到早上四五点钟，就有三四十人聚在那里买卖旧物。卖东西的将自家的旧鞋袜、旧衣服拿到那里出卖，为了换一口饭吃；买东西的也是穷人，为了节省几个钱，买回去缝缝补补凑合着用。因为这个市场通常是凌晨交易，天一亮就散，俗称"鬼龇牙"的时候，所以人们称之为"鬼市"。

时间不长，鬼市就迁到了横街子一带，出卖的东西除了一些旧衣物外，又增加了"堆饽饽"，就是要饭的把稍好一点的择出来，摆堆出卖。由于这种小市场不纳捐税，还经常滋事，所以，常常遭到辖区警察的驱赶。此后，鬼市先后迁至西关街老爷庙、西门附近、韦陀庙、西南角、广仁堂一带，最后在西广开落脚。鬼市的规模由最初的几十人扩大到几百人，经营范围也是五花八门，小到纽扣、针线，大到五金、古玩、木器，无所不有，更有一些窃贼将偷盗来的物品在这里销赃，这类东西称之为"小货"。

西广开原是一片野荒芜，散布着众多的无主坟茔，仅有清康熙、乾隆年间所建的慈善机构育黎堂、掩骨会和白骨塔几处建筑。1901

20世纪30年代的集市

年"南开"形成后，此处则成为"南开"向西的开拓地，故得名"西广开"。1926年至1927年，天津县将白骨塔义地售给民间，渐有居民建房，形成聚落。

　　鬼市迁到西广开后，摊贩激增，日用旧物应有尽有，有时市场上买不到的东西却能在鬼市见到。摊贩们通常用大筐挑着货物，每人自备一个小型的氢气灯。由于"小货"越来越多，为了便于出手销赃，鬼市的经营时间也是越来越早，甚至在凌晨两三点钟就已是灯火荧荧，人影攒动了。"鬼市"的名字由此叫响。

　　说鬼市上的窃贼多，一是指"小货"多，二是说有一批小偷就在鬼市偷窃，他们专偷那些不常来的卖货人和乡下的农民。这里的小偷是有组织的团伙，偷来的东西按大小份分赃，鬼市的摊贩和买主多受其害。小偷们之所以敢在这里猖獗活动，是因为他们早与管界警察有勾结，受到了警方的保护。

天津解放后，鬼市被改造为天明市场，祸害市场的小偷被逐步肃清。

早年的鸟市

新中国成立前，天津有两个鸟市，一个在原淮海电影院斜对过的一条小巷子里，巷口曾有一块写有"鸟市"的小牌匾；一个是在东北角，东起大胡同，西至原小马路，北自新开路，南至单街子，人们通常所说的鸟市就是指这里。

1917年，顺直水利委员会为便利排洪，将南运河大胡同至狮子林桥一段进行裁弯取直，使南运河此段故道北移，旧河床被填平了，形成一片开阔地，当时人们称之为"老干河"。最初，只是附近的居民清晨在此提着鸟笼子遛早，后来渐成规模，吸引了许多远道而来的鸟类爱好者。随着鸟的增多，便开始有了鸟的买卖，卖鸟笼子、鸟食、鸟食罐的也就应运而生。"鸟市"就此形成。

由于地点适中，交通便利，加之人们的需求，鸟市又出现了各种小吃摊贩和在此撂地演出的民间艺人。后来，摊贩们竟喧宾夺主，在此建造了许多门脸店铺，反而将卖鸟的小贩们排挤到小巷里去

清末时卖馒头的小贩

直隶总督街门花园

了。鸟市最红火的时候，有书场、戏院、饭馆、小人书铺和各种饮食摊近百家。其中著名的有演出电影的河北影院、演出河北梆子的聚英戏院、演出评戏的宝升戏院、演出京剧的华北戏院、演出曲艺的玉茗春。

鸟市的饮食行业也是形形色色，如白记饺子馆的羊肉扁食、穆傻子的涮羊肉及陆记的炸糕，都曾驰名津门。还有水爆肚、羊肠子、煎焖子、炸春卷、茶汤、面茶、汤圆等各种风味的小吃摊，物美价廉，最受欢迎。鸟市又是一个黑暗的角落，这里更有大烟馆、赌场、下等妓院，是地痞流氓、小偷、乞丐经常出没的地方。

1920年，天津籍江苏督军李纯看中了这块地儿，投资在此购地盖房，或出租，或典卖，从中牟取暴利，客观上促进了鸟市的发展。特别是20世纪三四十年代，鸟市达到了鼎盛。

新中国成立后，鸟市的赌场、妓院、大烟馆等不正当行业被取缔，在镇压反革命运动中，"鸟市四霸天"受到人民政府的严惩。但鸟市随着许多特色摊点的消失开始衰落。1976年唐山大地震波及天津，鸟市灾情严重，建筑物受损被迫拆除，成为天津首批规划区，原地建起了一片庭院式居民楼。原来的街巷没有了，鸟市已成为历史名词。

从"老龙头"至天津站

1888年的天津第一部实测地图《天津紫竹林图》，就已出现了"老龙头"这一地名，它的大致范围是以今天的天津站为中心，东起北安桥，西至老地道大街，南临海河，北沿北安道至兴隆街。至于老龙头的来历可就众说纷纭了，其中流传较广的是下面的这个传说。

1765年初夏，乾隆皇帝接到天津道台陈辉祖、知府金文淳的会衔奏折，说天津盐商查为仁在天津海河东岸大直沽西南为皇上建造了一座柳墅行宫，恭请圣上游幸。一向喜爱游山玩水的乾隆龙心大悦，于是择吉日四月二十八，由大学士刘墉陪同乘龙舟东巡天津。

一来是乾隆喜欢田园风光，二来是沿途的官绅绞尽脑汁地讨乾隆欢心，千方百计地再三挽留，争先恐后地进献奇珍异宝，所以，不到200里的水路竟走了整整6天！到天津那天正好是五月初五端阳节。龙舟行至三岔河口，正值天后宫的道士、善男信女们诵午课，诵经声伴着宫中的钟磬之音送入龙舟，甚为悦耳动听。乾隆听后疑为天籁，不由诗兴大发，闭目信口吟道："沽水曲曲树重重，普天雨露沐皇风。宫观楼阁人不见，但闻天声满舟中。"

龙舟过了天后宫行至马家渡口（今锦州道通海河处），乾隆睁眼定睛观瞧，只见眼前一片波光粼粼，流光异彩，远望水天一色，河道蜿蜒延展，煞是好看！不禁赞叹道："此河真乃一游龙也！"侧目海河东岸，岸上盐坨绵延数里犹如珠砌玉雕，蔚为大观。雅性不减的乾隆立刻传旨"登岸览胜"。

随行的道台、知府知道，这里只有荒郊僻壤，哪里有什么赏玩的去处？于是，他二人急忙将实情禀报了大学士刘墉，请他帮助劝皇上收回成命。刘墉遂以庄稼急需用水，淀河堤闸亟待皇上巡视后开闸放水灌溉粮苗为由，请皇上兼程巡视河工。乾隆素以怜爱百姓自居，且登岸后，看到只有杂芜的荒草和肆意的芦苇，于是顺水推舟道："就依爱卿所言。"就在即将登船时，乾隆回头问道："此为何地？"道台和知府知道这荒郊野外之地并无地名，但又不敢如实回禀。还是刘墉灵机一动，想起皇上刚才说河似游龙的话，急忙禀报："此地乃'老龙头'也。"乾隆明知刘墉是杜撰的，仍大声道："好一个'老龙头'！"道台、知府二人也心领神会地跪倒，齐呼："谢主御封'老龙头'。"从此，老龙头的名字就这样叫响了。

1888年，天津通了火车，在旺道庄建了车站。1892年，在旺道庄以西约500米的地方，另建了一座当时全国最大的火车站（即今

老龙头火车站鸟瞰图

津门掌故

1888年建成的老龙头火车站

天的天津站）。因为车站处在老龙头地区，所以，人们都管它叫老龙头火车站。坐落在界内的浮桥（今解放桥）也被称作老龙头浮桥。

新中国成立后，从1950年开始，先后在车站扩建了各专用候车室、行李房，增设了站前广场，改善了交通环境，使电、汽车可以从车站前绕行，老车站换了新颜。

为了城市发展需要、改善城市人民生活，1987年4月，天津站改造工程全面启动。在天津建站100周年之际，1988年10月1日，规模宏大、设备先进、功能齐全、装饰美观的天津新客站落成了。

为缓解天津站地区交通拥挤局面，形成城市轨道交通骨干网络，构建完善的城市立体交通体系，2006年，又开始了天津站交通枢纽工程建设。工程是集普速铁路、京津城际铁路、京山客运专线、京沪高速铁路、城市轨道交通（地铁2、3、9号线）、公交中心以及客运集散功能于一体的大型综合项目。全部工程包括铁路客站、站前广场、站后广场、站后公交中心以及配套市政交通、景观等五个工程区，将于2010年全面竣工。该工程对于形成京津冀城市群和环渤海地区之间的便捷通道，扩大对外经济联络，推动滨海新区的开发开放和环渤海区域经济的发展都具有重大意义。

津门大赌窟——回力球场

坐落在河北区自由道上的天津第一工人文化宫，天津解放前原为意商运动场即回力球场，是一个榨取天津人民钱财的大赌窟。

1931年，意大利驻华大使齐亚诺来津视察，与意工部局商定，借鉴上海回力球场获取巨额利益的经验，在天津也开办一家回力球场。此后，他们多方筹集股本70万元，意商富麦加利任董事长，由叶庸方任经理，1933年天津回力球场正式开幕。

回力球场以发展体育、繁荣经济为名，实际上却是一个大赌场。它的赌博方式完全依据西方惯例，打法分为单打、双打。单打有6名球员出场比赛，球衣上标有不同号码，以先得5分者为胜；双打有12名球员，两人合作。每一场叫作"一盘"，每晚可打8~16盘。赌客根据球员的标号购票下注，选中者获几倍到几十倍的回报。赌票种类很多，有独赢票、双独赢票、位置票、联位票等等。每逢周末，双打改为红蓝大赛，即由穿红蓝球衣的两队队员竞赛。红蓝大赛在每分争夺过程中赌客投赌注，打一分便见胜负。赌客在短时间内判断双方胜负，往往对上一分还未考虑成熟，而场中下一分的争夺又开始了，因此，赌客始终处于惊心动魄、极度紧张的状态。

每季举行一次（后改为每月一次）的香槟赛最能吸引赌客。赛前若干天，场方就开始发售香槟票，为了扩大销售，回力球场在报

1935年建成的意租界回力球场（今一宫）是天津有名的大赌窟

来津淘金的外国人在回力球场过圣诞

刊大做广告，并且让市内各彩票行、香烟店代售彩票，发行数额极大，因之上当受骗的人也最多。

当年在津的下野军阀、蛰居寓公及豪绅巨商多以在回力球场娱乐消费为时髦，他们抱着追求刺激的欲望，整天泡在球场里寻欢作乐。因此，场方除了赛球外，还增设了舞场、酒吧和餐厅等副业，供应咖啡、冷饮、中外名酒以及中西大菜。据传说，当年北京市长周大文和军阀张宗昌的秘书吴桐渊，都在此输掉了几所楼房。曾任淞沪护军使的宫邦铎，长期沉溺于回力球场，终致家业败落，妻离子散。更有法工部局的文案戴某，一瞬间输掉一大笔钱导致情绪激动，当场脑溢血而丧生。

球场的球员都是身高体健的外国人，他们的精湛球技、潇洒风度着实让一些名媛贵妇神魂颠倒，因而，绯闻时有发生。据说，有一名门闺秀深为某球员倾倒，不久，二人结成露水夫妻。为了取悦该球员，她除将自己的珍宝首饰倾囊相赠外，还变卖了家中的许多值钱物件，后被家人发觉，将其监禁起来，最后竟致跳楼而亡。

1941年，利华大楼的主人、白俄商人李亚溥与正金银行买办魏采臣联手买下回力球场。1943年，李亚溥又以80万美元收购了球场全部资产，改称海来运动场。1944年6月5日，海来运动场增设射枪竞技场，每日共赛40余场，日收入近40万元。抗战胜利后，回力球场仍拟继续营业，但天津市市长张廷谔坚决不准。

1946年初，回力球场呈请仅以附设餐厅营业，张廷谔批示：无论到任何时期，亦不准开！同年2月11日起，海来运动场（回力球场）暂由美军接办，改为美国军人俱乐部，专供美军做娱乐之用。1947年美军离津后，张廷谔再次勒令停止球赛，以餐饮等副业苦苦支撑的回力球场，不久就宣告歇业。天津解放后，回力球场收归国有，改做天津第一工人文化宫。

天津县卫南洼"闹小水"

1937年10月9日，天津县卫南洼一带突遭洪水袭击，咸水沽、东泥沽、下郭庄等地的农田被淹、民房倒塌，村民流离失所、冻饿交加。相对于1939年9月的大水，当地人称之为"闹小水"。

同年10月27日，咸水沽乡长周景颐，副乡长冯立言、李玉铭，东泥沽的徐长和，下郭庄的陈借筹等，联合呈文天津市治安维持会委员长高凌霨称，10月9日，天津县第五区卫南洼境内忽自郊南来水，急流直下，水位激涨。当日，陆地的水深就已过膝，所有农田、禾稻、蔬菜，均遭淹没。咸水沽村虽有1931年建造的土筑围墙，但因洪水数日未能退去，经多日浸泡，围墙多处损毁坍塌，水入村庄，十数家村舍房屋倒塌无存，流离失所的村民，冻饿交加，惨不忍睹。围墙以外更是汪洋无际，几成泽国，村民出入，全靠船只摆渡。村民无不默默祈祷着洪水尽快退去，得以恢复家园。然而，最为可怕的是，近日来，水势非但没有回落，反而日渐增涨。加之，周边匪徒虎视眈眈，伺机出动，随时进村抢劫。在这大灾人祸之下，灾黎情何以堪！为此，他们恳请天津市治安维持会委员会准发急赈，以济灾民，而维灾民生活。随函还附上了两幅咸水沽受灾的照片。

与此同时，他们也将同样内容的呈文呈报了天津县政府和天津市社会局。

天津市治安维持会接到呈文后，即令市社会局和工务局共同查核办理。

市社会局先是设法筹集到了10万斤玉米面，经与天津县政府几次协商，委托天津县政府将这批赈粮，按照天津县境内四乡各村上报的受灾程度和损失情况，酌量分配散发。随后，天津县又将发放任务交给了红卍字会和蓝卍字会。由于卫南洼一带的所有农田均被洪水冲毁，一年的收成一时化为乌有，这10万斤赈粮相对于广大受灾村民来讲只是杯水车薪。为此，市社会局又责成蓝卍字会继续筹集赈粮、赈款，并随时发放。但在档案中没有找到蓝卍字会是否筹集到粮、款的文字。

11月10日，市治安维持会委员会复函周景颐等称，天津县政府已于日前统计了境内各村的被灾情况，制定了各村灾况一览表，咸水沽、东泥沽、下郭庄等村自应包括在内。不久，天津县政府即刻会同社会局、红卍字会和蓝卍字会将赈粮、赈款发放到村民手中。

笔者曾询问咸水沽的老居民，他们对这次"闹小水"记忆深刻，记得当年土围墙外一片汪洋，村民只得撑着竹筏子出入，洪水到11月底才完全退尽。红卍字会当年确实送来了一些玉米面，但数量很少，只有几家房倒屋塌、受灾最为严重的村民得到了赈济。当谈及"闹小水"原因时，他们不大肯定地说，可能是连日大雨，卫南洼一带地势过低，周围地区雨水汇聚的结果。

长芦缉私机构的变迁

食盐向为国家专卖，产盐有引地，各地有引额，行盐有引票。不纳税和越界销售的盐斤均为私盐。长芦盐区的私盐，一是硝地私煎，二是外埠输入。为防止私盐泛滥，冲击官盐，影响官税，缉私机构应运而生。

清中期由盐商自发组织的巡查防缉私团是长芦盐区最早的缉私机构。及至清光绪三十年（1904）改为官巡，建立长芦盐巡营，其职责是查缉私盐、保护芦引产销安全、维护芦盐盐税收入。1914年北洋政府改编其为长芦缉私营，于天津县邓沽设置缉私统领部，以曾为袁世凯亲兵护卫的宋明善为首任缉私统领。缉私统领率有步兵前后左三营，骑兵前后两营，分驻各地。1928年改制长芦缉私局，张天骥任局长。1931年，长芦盐运使署与长芦盐务稽核分所共同组建缉私管理委员会，不久即改组为税警局。

1937年4月长芦盐务管理局成立后，改编其为税警大队，由长芦盐务局直接领导。同年8月天津沦陷后，因长芦盐警防区兼跨京津两地，遂于10月22日起，更名为"长芦盐务管理局京津盐警大队"。伪长芦盐务管理局将所辖管地划分成三个区：第一分区驻天津城内旧运署，所属第一、二、三各队共计官警127名，分驻于天津城、大直沽、小王庄、谦德庄、小刘庄、大红桥、宜兴埠和宁河、

历史沿革

武清二县；第二分区驻宝坻县大口屯，所属第四、五、六各队，共计官警127名，分驻于宝坻、遵化、玉田、香河、蓟县、三河、平谷、顺义、兴隆等县；第三分区驻北平市，所属第七、八、九各队，共计官警127名，分驻于北平、大兴、宛平、昌平、通县、密云、怀柔、安次等县。每个大队下设三个中队，中队下设分队，分队下设小队。为避免与其他军警机关发生误会，盐警各队使用由大渐小的统一旗帜，巡查盐警一律持有缉私证。

长芦辖区的京津冀三地，多达七八十个县，硝区广袤，土壤硗瘠，农作维艰。尤其是津沧交界处的上古林和静海县属仲福台等处野滩，附近居民率多设池私晒，滩地四五百亩，晒盐人达三四百人。每至春秋两季，无论通衢还是小道，每日皆有肩挑车载大宗私盐，往来如织。

初在境内销售，后因私盐过剩，遂又四出贩运，蔓延至河间、献县、任丘、文安、霸县等河北数十县境地，并沿南运河直达山东省。

时届春日，万物滋生，各产硝区域硝土渐次复萌，民众群起，刮土淋制，一片繁忙。及至秋后腌菜之际，乡民用盐最多，而走私现象也最为严重。为此，每至春秋两季，盐警都要下乡挨户检查盐票，宣传食私弊害，张贴布告，晓谕民众，劝购官盐。

走私者有平民和盐商，也有组织严密的盐枭，更有缉私官警。而盐警查获的多为平民和盐商。对于有武装的盐枭，他们则是避而远之。据档案记载，酱菜业和渔民是盐警缉查私盐的重点，他们经常擅自闯入酱园和渔船，任意翻检搜查，对于有否盐票，则概所不问，干扰了商号的正常经营。为此，这两个同业公会多次向长芦盐务局提出抗议。而1938年3月，在静海县境内有一个自称为国民政府军事委员会别动部队的盐枭团伙，不但庇护走私，而且还公然张贴布告："兹查食盐向归官办，盐价任意抬高，私人不准贩卖，民官盐场，不准采淋，犯者论罪，似此摧残人权，剥削民生，实属可恨！今后本军对此特为保护，凡各关盐地，自应尽量刮淋，人人有公卖之权，勿任奸商剥削。"盐警大队则以配备武装不足为由，不敢前往查缉。

由于私盐价格远低于官盐，为此，乡民争相乐用。但购买私盐同样是违法的，不但要没收私盐，而且还要课以罚款。据载，1937年8月，第一区盐警大队共缉获私盐案84起，缴获硝土盐3861斤，变价洋163.72元，罚款洋431元，总计洋594.72元。而在这84起案件中，一半以上为购盐自食者。

为了奖励盐警缉查私盐，长芦盐务局还制定了提奖章程。章程规定，查获私盐变价和罚款所得的七成，作为缉私机关和人员的提奖。上至大队长、大队副、军需官、书记官，下至伙夫，均可获得提奖。由于奖金过于优厚，盐警与盐商勾结贩私渔利的案件屡见不鲜，盐警既冒缉私之美名，又得俵分之厚利。此风一开，群起效尤。

长芦盐务缉私机构由于管理不完善、制度不健全、缉务混乱，缉私业务收效甚微。因此，天津解放后，盐警大队被撤销。

地名文化

600余年的席厂村

　　席厂村地处北运河下游东岸，位于河北区西北部，东临天泰路，西濒北运河，始建于明洪武年间，至今已有600余年的历史了。

　　明洪武三年（1370）朱元璋建立明朝后，开始浚通运河，加强水上运输，北运河的漕运日趋兴盛。漕粮转运船只北上经北运河至天津，到席厂村时大多要停泊歇脚。为了避免漕粮遭遇不测风雨，通常都用苇席搭成简易棚架苫盖。当时，这里存放了大量的苇席，时刻准备来船之用，故而得名"席厂"。此后，移民、船工陆续由临时居住改为在此定居，至明永乐年间已形成村落，取名"席厂村"。

　　明弘治三年（1490），一些船主和村民集资在席厂村兴建了"妙严宫"（旧址在今庙前胡同），宫内供奉南海观音菩萨，每逢漕运繁忙季节，船只启锚开航之时，船工们都要到宫内进香求愿，祈祷一路顺风，人船安全。席厂村就在一代代村民生息繁衍中不断扩大规模，由原来的几户人家发展到成片的居住区，并修筑了第一条街道——席厂大街。

　　1900年八国联军入侵天津进攻北京时，一路烧杀掠抢，途经席厂村时，将"妙严宫"和村民住房大部焚毁。忍无可忍的村民们不畏强暴，奋起反抗，打死数名侵略军。被激怒了的八国联军随后又进行了更加惨无人道的大屠杀，幸存的村民只得背井离乡到他处谋

天津漕运图

生。1902年八国联军撤出天津后，村民们才陆续迁回席厂村。

1937年7月29日，日本侵略军占领了天津，开始了对天津长达8年的黑暗统治。席厂村百姓生活更加艰难，村民饥寒交迫，终日不得温饱，大多数村民不得不到西沽货场做苦力（即码头的装卸工）。不屈的席厂村村民与附近的东于庄、辛庄、堤头村等地的村民自发地联合起来，与日本侵略者及其扶植下的封建脚行把头进行不懈的斗争，直到1945年日本宣告无条件投降。

席厂村地处城郊接合部的"忠孝门"附近，在天津解放前夕，曾是国民党守军重点城防区之一，专设重兵把守。一心盼望翻身得解放的村民们冒着生命危险，为解放军运送医药、粮食、油墨等物资，有力地支援了天津战役。

天津解放后，席厂村人们的生活状况和居住条件都有了显著改善，社区公共设施也日臻完善。

盛极一时的海光寺

　　今天人们把二七二医院、血液研究所和海光寺新村一带统称为海光寺。这里虽没有了当年盛极一时的寺庙，但却因寺庙名为清康熙御笔亲题，因《天津条约》在这里签订，还有这里曾是天津机器局和侵华日军的兵营等，而让海光寺的名字如雷贯耳。

　　据史书记载，海光寺的范围为今南京路、万全道、新疆路、多伦道围成的一个区域。这里曾有泽国水乡的江南风貌，因而成为明

海光寺大钟

早期的海光寺外景

代八大景之一。1705年，一个名叫成衡的高僧来到天津，被这里的美景所吸引，遂在南门三里的官道东侧修建了一座宝刹，名曰"普陀寺"。1719年，清康熙南巡驾临该寺小憩，与成衡小坐闲谈。谈话间得知成衡是精通诗画的世外高人，龙颜大悦，不但赐写了"随处湘音"的匾额和两副对联，而且还赐名"海光寺"。

由于康熙的名人效应，上至各级官府，下至平民百姓，无不对海光寺趋之若鹜。官绅更是对寺庙捐资扩建。扩建后的海光寺占地广阔，殿宇明敞，气势恢宏。1736年，乾隆路过天津时效仿先帝，又题写下"普门慧镜"的匾额和两副对联。从此，海光寺以两代皇帝的光临而声名大噪。

1858年5月26日，英法联军占领大沽口后，军舰从海河驶入天津城外。28日，清政府派大学士桂良、吏部尚书花纱纳驰往天津，

已为日本兵营的海光寺。选自《中华》画报1939年第79期

海光寺日本驻屯军军营外景

与俄、美、英、法四国在海光寺签订了中国历史上著名的《天津条约》。海光寺因见证了中国近代史上惨遭屈辱的这一幕而被载入史册。

1860年，英法联军再次攻陷大沽，占领天津城。联军在河北望海寺设北营，城南海光寺设南营。这是海光寺第一次被外国军队占领。直至翌年，《北京条约》（《续增条约》）签订、天津被迫开埠后，联军才从海光寺撤出。

1867年4月，清廷在海光寺设立了天津机器局，制造枪炮。这是我国北方最早出现的具有现代规模的机械工厂。海光寺佛殿的东跨院，建立了铸铁、金工、锯木、木工等8个工场，装备了从西方引进的先进设备，拥有近300名工人。

1900年，八国联军侵入天津。7月9日，日军在俄、美、英军的配合下，占领了海光寺，寺庙全被毁坏。从此，盛极一时的海光寺彻底消失。

北大关忆旧

今天，人们习惯把大胡同地区、金华桥以南一带称为"北大关"。您知道这一带最早叫什么吗？后来又为什么改叫"北大关"呢？

据乾隆《天津县志》记载，明万历十六年（1588）在天津设有北马头、晏公庙、大直沽、宝船口、西沽、杨柳青、真武庙和寇家口等8处官渡，其中北马头是天津的第一个官渡口，这北马头就是后来的北大关。当时还流传着一句谚语："好汉子住南头窑，赖汉子住马头。"由此可知，早期的北马头并不是什么好地方。

清康熙四年（1665）七月十日，天津钞关从河西务移至南运河北岸，官署设在甘露寺旁（今河北大街南口西侧）。据《津门杂记》记载：钞关是专门征收水陆出入货物税银的官设机构，也称常关。因天津钞关比其他地区的钞关都大，又位于天津城北，故名"北大关"。

当时，南运河是水上运输咽喉要道，河上过往船只频繁，客商来津洽谈生意的多会于此，北大关一带遂发展成为天津的商贸中心。两侧饭馆、茶楼、客栈如雨后春笋般逐年递增。尤其是长不足一里的北门外大街更是商铺林立，热闹异常。街西侧有著名的十锦斋、天一坊、一条龙、素香园等饭馆，天盛号酱肉铺、玉升茶叶铺、隆

北大关浮桥

早期三岔口的舟渡

清末时的北大关

昌海货店、中和烟铺等；街东侧是耳朵眼炸糕店、德记鸡鸭店、鑫彩霞鞋店、联兴斋帽铺、祥德斋糕点店等，可称为商贾云集、寸土寸金之地。

北大关的繁华当年不仅是天津之最，而且在整个北方也是首屈一指。因此才引得康熙、乾隆两代皇帝先后四次驾临北大关。这一带游人终日川流不息，过往人群熙熙攘攘，致使交通不畅，天津道朱纲、盐法道宋师曾遂共同出资捐造了一座浮桥，名曰北浮桥，又称钞关浮桥，也叫北大关浮桥。此后，附近又有6座浮桥先后建成。这使得北大关一带更加繁盛。诗云："钞关桥上人如鹜，商船打鼓马头住。"

1887年，时任直隶总督的李鸿章，为了便于北大关与行署间的往来，将大胡同南端原盐院门口的浮桥改为铁桥，这是天津的第一座铁桥。1888年，在院门口又建造了能开启的金华桥，俗称"老铁桥"。

1900年八国联军入侵天津，关税主权为外国人所把持，天津钞关随即裁撤。如今，只有"北大关"这一地名流传了下来，人们仍将金华桥以西称为"关上"，把金华桥以东叫作"关下"。

估衣街谈往

"估衣街，一里长，裘皮店来绸缎庄。旧衣花上几个子儿，皮衣只有八块洋。谦祥益、瑞蚨祥，都在北方响当当。喜事来买好绸缎，白事买走寿衣裳。"从这段描写天津老估衣街的民谣里，我们依稀看到了这条老商业街昔日的繁华。但有人要问了，今天东起大胡同，西至北门外大街的估衣街可不止一里呀，怎么民谣里却说估衣街只有一里长呢？

清康熙四年（1665），北大关设立天津钞关，即北大关。由于北大关的迅速繁荣，在马头渡口前逐渐形成了一条街道——马头东街。据天津文人高凌雯考证，这马头东街便是后来的估衣街。此后，在这条街上出现了许多专卖旧衣裳的摊点和店铺，交易价格由买卖双方依据衣裳的成色自行商定。一时败落的富户和穷困潦倒的百姓，为了临时急用或糊口，就不得不把一些衣物典给当铺，有些到了限期仍没钱来赎，就成了"死当"，当铺"打当"，被估衣商贩以极低价格收购后摆摊叫卖。

随着义成泰、文盛号等估衣铺的逐渐聚集，这条街的估衣交易日渐火爆，终成规模，"估衣街"的名字也就叫响了。估衣街西口还立起了一面牌楼，上书"沽上市廛"四个大字。清代诗人崔旭特为估衣街作了一首《估衣街竹枝词》："衣裳颠倒半非新，挈领提襟唱

20世纪30年代初估衣街

卖频；夏葛冬裘随意买，不知初制是何人。"

估衣街地处海河及五大支流的汇合处，南邻北马路，北靠南运河，西近北大关，南对竹竿巷，斜面针市街。得天独厚的地理位置促进了估衣街由专卖估衣向纺织品市场的迅速发展。在长仅一里地的街道两侧竟出现了谦祥益、瑞蚨祥、瑞林祥、瑞昌祥、敦庆隆、元隆、锦章、华竹等上百家绸缎、棉布、服装、百货商铺。一时间，估衣街成为誉满京津、驰名华北的商业一条街。

清乾隆年间，估衣街旁出现了一条以卖锅为主的街巷——锅店街。1820年前后，南运河的河沿旁又出现了一条街，街北侧是运河，只有南侧有居民和商铺，所以，人们称之为单街子。1975年，在天津市政改造中，将估衣街、锅店街和单街子调整接通，形成了一条长710米、宽6米的新估衣街。1986年，在市政府统一规划中，估衣街新建改建为仿明清建筑106处，店铺门面装牌匾、幌子、福寿喜字等，重现了它当年的繁盛风貌。

话说电灯房胡同

在今天的河北区南部、东河沿大街中段西南侧有一条街道，名曰电灯房胡同。100年前，这里曾是一座外国人建的发电厂，它见证着天津电力事业发展的沧桑历史。

早年，这里曾是一片荒地，清光绪年间建有一座土地庙。1900年八国联军侵占天津后，比利时趁机在天津设立租界。1901年，袁世凯在小站督练新军时，曾向德国购买军火，从而结识了德国世昌洋行的军火商海礼，后通过海礼，世昌洋行于1902年取得了在津设立电车电灯的专利权。但因世昌洋行能力不足，遂将专利权转让给了比利时通用银行财团。1904年4月26日，中比双方在天津签订了《天津电车电灯公司合同》。按照合同，该财团在比利时布鲁塞尔成立总管理处，筹集25万英镑作为启动资金，利用教会势力在望海楼后金家窑创设发电厂，在东浮桥东口沿河马路购置楼房，成立天津总办事处，在南开中学旁建起了仓库和修理厂，后来又在左侧盖了工人宿舍。所有机械设备、配件均由布鲁塞尔进口。

经过一年多的筹备工作，比公司在奥、意、俄、比四国租界和全部华界架设了电线网络。但推销电灯电力时却发生了问题。当时天津市民对电尚认识不足，只知道电能导致火灾，人触电后还会死亡，所以，最初人们避之如虎。为此，比公司特别设立了一个由华

1930年英租界发电厂

界经理刘中和负责的电灯电力分销处。刘中和策划先从商铺入手，由公司派人与繁华热闹地区的商店联系，免费在商铺的牌匾上安装上一些瓦数很高的灯泡。夜幕降临，天津城顿时陷入一片黑暗之中，唯有安装电灯的那几家商铺灯火通明，亮如白昼，一时成为天津城一景，引来许多市民观赏，络绎不绝的人群给商铺带来了可观的收入。这样一来，没有安装电灯的商铺也纷纷提出安装申请。比公司的电灯业务由此打开局面。

　　为了方便上下班，电灯房的工人很多就住在附近，虽然是发电厂的工人，但他们自己却点不起电灯，住着低矮狭小的简陋房屋。此后，工人们在这里娶妻生子，陆续又有新住户迁入，这里逐渐形成居住区。1921年法国天主教会也在此购地建房。人们遂将这里的街巷称为电灯房胡同。

　　后来，人们根据方位的区别，把电灯房后面的街道称为电灯房后胡同，将电灯房东面的里巷称为电灯房东胡同。新中国成立后，电灯房虽然改建成了天津市第三发电厂，但这两个地名却沿用至今。

两个冰窖胡同

1981年地名普查前，在南开区和河北区各有一处冰窖胡同，虽然地名相同，但其来历却大相径庭。

南开区的冰窖胡同，北起东门内大街，中交二道街，南至贡院东胡同。明代，天津卫属河间府管辖，在天津三卫各设一处专门负责屯戍的行政机构，名曰"冰窖"。1490年，侍郎白昂、御史邹鲁曾奏请朝廷："本镇密迩京师，东濒大海，水陆要会，因无法司钤束，致奸盗窃发，百务废弛；应添设整饬。"同年，刘福任天津首任按察司副使时，奉敕整饬天津等地，在天津左、中、右三卫分设一处冰窖，明确规定冰窖的任务是"整饬操练军马，修浚城池，禁革奸弊，问理词讼，兼管运河事宜"。1725年，天津更改建制后，三处冰窖均被废除。此后，盐商李春成在位于"东门里门房后"的左卫冰窖处建房成巷，取名冰窖胡同。在清道光年间的《津门保甲图说》和《天津卫志》中均已出现冰窖胡同的地名。

河北区的冰窖胡同，南起金家窑大街，折向东、西，东到礼拜寺胡同，西至金钟路。这里原来也是一处冰窖的旧址，但这个冰窖已是我们现在的含义了。这里原是一片荒地，清乾隆年间，天津城市发展很快，当时各官署衙门厨房里的珍馐佳肴都需要用冰降温保鲜防腐，一些富商巨贾也有同样的需求，于是，冰就成了夏季不可缺少的一项奢侈品。为了满足他们的需求，官府遂责令在地方建立储冰的冰窖，用以应差。一个名叫耿富盛的商人，头脑灵活，预见这是一项有发展的行业，遂第一个向官方登记成立了富盛冰窖，成为天津承担冰差的最早一家冰窖，其地点在今天河北区的金家窑一带。

第二次鸦片战争后，天津辟为商埠重镇，用冰需求不断增加，遂又出现了同和、永吉、魁丰、永和等四户冰窖。进入民国后，随着冰窖的日益增加，冰窖业竞争日趋激烈，开设了200余年的富盛冰窖终因同行倾轧日烈而被迫转让给了商人魏信臣，改称魏富盛冰窖。后几经易主，1941年终为五和百货线店主所有。当时，城市居民激增，住房紧张，店主见出租房屋有利可图，遂平窖建房，经营房地产，这一地区也称冰窖胡同。

1981年，天津地区进行地名普查时发现两地重名，遂将河北区的冰窖胡同更名为老冰窖胡同，以示区别。

没有楼的西楼村

西楼村，位于河西区中部，东起孙家胡同，西至广东路，北到西楼后街，南抵利民道。至于地名来历，查阅史籍，也未见当年这里建过什么高楼大厦，只是建村时，因与东楼相对而取名西楼。

西楼村建于明朝初年。据说，朱元璋的四子朱棣扫北，路过此地留下甄姓、刘姓等18户人家，逐渐形成村落。村名记载始见于清道光二十六年（1846）的《津门保甲图说》，其中第十二节写道："后李七庄有二村，曰西楼庄，曰王家庄，民舍相同。西临小河，盖即海河之叉，由双港大桥曲折而赴此也。图内庙二村……东界连东楼庄，西界连佟家楼。"

文中所提"西楼庄"即西楼村。早年那里没有楼房，西楼究竟因何得名呢？当时，这里曾有一座庙宇，为当年华北地区最为常见的建筑风格。其顶部为脊顶坡状，顶面挂瓦，形状为方形，犹如一个"班"字。所以，《津门保甲图说》中说："西楼一名班字楼。"尽管这类庙宇只有一层，最高两层，但北方百姓尤其是农户人家统称之为楼。就是今天在乡间老农户的口中，凡见到带脊的古建筑仍称之为楼。这种情况，就如同天津近郊百姓至今仍称某人家的大门上脊形装饰为"门楼子"一样。因西楼成村晚于东楼村，且两村遥遥相对，故而取名"西楼村"。

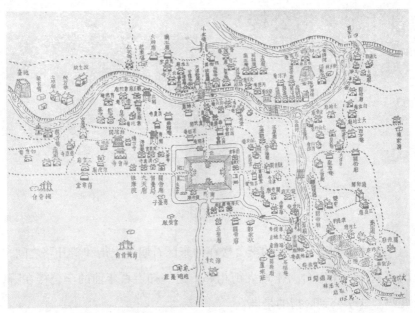

《津门保甲图说》——1846年的天津城厢图

　　西楼村有着辉煌的革命历史。1926年，当地的大地主"李善人"李芨臣为了实现他夺取贺家口、小滑庄、东楼村、西楼村、小刘庄等五个村镇佃户固定永租的目的，曾雇用打手毁青苗、垫良田，致使千余名佃农无地可种，无家可归，失去生活来源。中共地下党组织派彭真（当年他叫傅茂公）领导和支持五村反霸运动，成立了"五村农民护理佃权委员会"，总会就设在西楼村，其他村、乡另设分会。1927年，中国共产党天津地委吸收西楼村先进农民甄元和同志入党，并在那里建立了党支部，以"国术馆"（今西楼村前街24号）为掩护，积极开展农民运动。这就是天津革命史上著名的"五村反霸运动"。虽经数年的艰苦斗争，但因李芨臣买通了法院而以村民失败告终。直到天津解放后，五村人民才取得最终的胜利。

　　如今西楼村早已不存，但西楼大街、西楼桥、西楼北里等冠以"西楼"的地名却有18个，足见人们对西楼村的怀旧之情。

百年沧桑李公楼

大家都知道，今天的李公楼在河东区石墙子大街和新开路之间，与复兴庄、李家台、李地大街相邻。但您知道百年前的李公楼在哪儿吗？这李公到底指的是谁？

清道光年间，海河东岸自东浮桥至大直沽一带，是长芦丰财、芦台两盐场存盐的地方，故被称为"盐坨地"。这里居住着来自冀、鲁、豫等及附近郊县的一些贫苦百姓，他们从事着驳盐、起卸、打方、装包、码垛、苫盖等盐务苦工。多年发展渐成规模，并且形成了一个一个的小村庄。这些村庄多以那里有钱有势人家的姓氏命名，如大王庄、小王庄、唐家口等等，李公楼也是其中的一个村子。那时的李公楼在今天的大王庄天津卷烟厂以东，六纬路与十经路交叉口地带。至于当时的李姓人家到底是何许人也，已无从考证。

1900年八国联军侵占天津后，包括李公楼在内的海河东岸被划分为俄租界，俄军强令村民迁居他处。李公楼的居民在旺道庄以东的一块无人居住区定居下来。建村以后，村民们聚在一起商定村名，有人主张仍沿用原来的村名，有人却说我们重建了家园应该叫"复兴庄"。两派相争互不相让，于是各占一方，自取村名。这样就有了现在的李公楼和复兴庄。安居下来的李公楼的村民还在村子前竖立了一个写有"李公楼"三个大字的牌坊。据老人们回忆，那个牌坊就立在今宝善胡同口，1939年天津闹大水时，被水浸泡腐烂后才拆除的。

至于李公楼地名的来历还有一种传说。当年，李公楼村民刚迁过来还没来得及起村名，村子里来了一个开滦煤矿的工头，他在这里盖起了一幢小楼。正巧这人也姓李，名叫李彦章（一说李延章），所以人们就把这幢小楼称作"李公楼"。村名也就很自然地沿用了原来的"李公楼"了。

到了清末，李公楼已是天津的一个著名居住区，建有前、中、后三条大街。在中街出现了做大买卖的王家、郭家两家盖的青堂碧瓦的四合院，京官马某在此修建了"官立胡同"及以地方水会取名的"宝善胡同"。进入民国后，曾任江西督军的北洋军阀李纯在与李公楼毗连的沈庄子置办了李家坟地。后来李纯被卫官枪杀，李家转让了这块地后成为了一片居民区，取名"李地大街"。李公楼的名气越来越大，连创建劝业场、渤海大楼的高渤海也在这里修了两条名为"贵德间"的胡同。

百年金街和平路

　　与上海的南京路、北京的王府井大街齐名的当属天津的和平路了，它是天津的商业中心，是天津的名片。

　　天津开埠后，陆续建立了九国租界。以锦州道为界，以南为法租界，以北为日租界。1905年，日、法租界开始修建今天的和平路，位于日租界内从南马路到锦州道段称为旭街。旭街建成之初，日租界当局规定街两侧开设的商店，均要建成三层以上楼房。恒利、物华、三宝三大金店，瑞兴隆、瑞和隆电唱机专售店，下天仙、同庆、天津等戏院，纷纷落户旭街。1916年开始铺设有轨电车道，蓝、黄、绿、花牌电车先后开通。旭街的北半部是天津上、中等妓院的聚集区，妓院之多仅次于南市，鼎盛时期挂牌挑灯的有二三百户，妓女和从业人员达300余人。这里也是毒品贩运的集中地，贩毒者大多住在德义楼、泉利、新旅社等旅馆。日伪时期，汉奸恶霸袁文会在旭街设立招募华工的会德号，大批中国穷苦劳力背井离乡，被骗到日本做了华工。

　　位于法租界内从锦州道到营口道段称为梨栈大街，又称二十一号路，一度改称杜总领事路。1943年在日本侵略者占领下，这条路统称兴亚三区二十一号路。这里靠近码头、车站，交通十分便利。20世纪20年代末期，随着天祥、泰康、劝业、中原公司等各大商场

日租界旭街（今和平路）

的建立，国民、惠中、交通三大饭店以及渤海大楼、浙江兴业银行等高大建筑物的拔地而起，这条路日趋繁华，商店林立，交通线路汇集，形成了中外巨商、买办、达官显贵聚居游乐的豪华区域。抗日英雄吉鸿昌将军曾在国民饭店从事革命活动，并于1934年11月9日在饭店内遇刺受伤，被国民党押抵北平，12月24日英勇就义。

抗战胜利后，美军抢先占领天津。1946年国民党政府接收天津后，为纪念美国第32任总统，将旭街和杜总领事路合并，统称罗斯福路。

天津解放后，党和政府开展了镇压反革命、取缔娼妓、禁烟禁毒等一系列治理社会的政治运动，一大批反革命、特务、汉奸、恶霸、窑主、脚行头被镇压，赌、毒、娼、道彻底被铲除。街道两侧陆续增设了商业网点，盛锡福帽店、老美华鞋店、冠生园食品店、鼎章照相馆、南京理发店等一批天津卫的老字号得到了新生。1953年定名为和平路。如今这里已成为集休闲、娱乐、旅游、购物于一体的天津商业中心。

鲍公祠辨析

南开区东北部、府署街东端南侧，有一条街名为鲍公祠胡同，距今已有400余年的历史了。有人说，因当年曾有一个姓鲍的士绅在这里兴建了一座祠堂，故而得名。但据史料记载，这里根本没有建过什么鲍公祠，倒是在明朝嘉靖年间建过一个报功祠。

据《天津卫志》记载："在大仪门里街北，系前道毛公恺祠。"那么，这个毛恺是何许人也？为什么要为他修建祠堂呢？据明朝嘉靖年间一个叫汪来的大臣撰写的《天津整饬副使毛公德政去思旧碑》中得知：毛恺，字达和，浙江江山人，1554年至1558年，在天津担任整饬副使，1558年死于任上。因他在任的四年中为人正直，清廉从政，而且为百姓做了很多好事，死后自己却是身无长物，一贫如洗，以致竟一时无钱安葬，最终还是由天津地方士绅捐资将其厚葬的。

天津是个华洋杂处、五方混杂的城市，人口大多来自山西、山东各地的商人、农户，以及江浙沿海地区的船工、渔民等，他们"既不读书，争相骄侈"，经济殷实的人家又多"事游猎，从歌舞"；官宦和达官贵人则多为亲套亲的复杂关系，其中若有人作奸犯科，只需托亲戚贿赂些银钱，"必脱以法"；官场腐败风盛，官府到处设卡，向商人取利，商人怨声载道，"鱼盐蜃蛤，不贩天津而贩都会；

旧时天津城内的镇台衙门，其前身是清顺治年间的天津卫署

絮帛粟稻，不之天津而之丰台；油纸板木，不泊天津而泊河西务"，致使津城各业凋敝，百姓生活每况愈下。毛恺到任后，一方面主持修建堤坝，兴修水利；一方面着手整饬官风，取消"官价凤弊"等腐败现象，而按当时行情的高低、涨落而议定价格。商人们看到天津市场行情稳定，官府税收合理，"复从都会、丰台、河西务至焉"，天津各业重新繁荣，百姓生活蒸蒸日上。

官风好转后，毛恺又开始整顿民风，"大振公道为先，不信私书为本"，四年"鞭笞不用"，天津人的道德风尚得到根本改观：有的"讲兵陶融，将才数辈"，有的"和平公正，若读书人"，有的"亦知奋发，不至废坠"。

这样真心为百姓做事，一身正气、两袖清风的清官在当年污浊的宦海中的确是不可多得。毛恺死后不久，为了纪念他的丰功伟绩，铭记他对天津人民的恩德，在士绅的号召下，天津百姓捐资为其在府署街上修建了一座"报功祠"。后由于战火和水灾，报功祠湮灭。随着时间的推移，人们渐渐淡忘了报功祠的真正含义，而以谐音讹传它为鲍公祠了。

北洋新政与铁工厂胡同

北洋，作为一个地区名，指的是清末民初时的江苏省以北的山东、河北、辽宁等沿海各省，而其以南沿海各省称为南洋。1870年清政府改三口通商大臣为北洋通商大臣，由直隶总督李鸿章兼任。1895年，袁世凯在天津小站编练"新建陆军"，归北洋大臣节制。

直隶总督李鸿章

1902年，袁世凯继任北洋大臣一职后，为了培植和增强自己的势力，大力补充新军，称"北洋常备军"，简称"北洋军"。任职期间，他还在今河北区界内建立了一批工厂、学校，多冠以"北洋"二字，如北洋法政学堂、北洋劝业铁工厂、北洋银圆局等。今天与"北洋"有关的地名仍保留有铁工厂胡同和北洋胡同。

建于1905年的北洋铁工厂

铁工厂胡同位于河北区西南部，元纬路西段南侧，北起元纬路，南至天纬路。1901年八国联军撤出天津，直隶总督兼北洋大臣袁世凯接管后，计划实施"新政"，命长芦盐运使周学熙筹办直隶工艺总局，同时设立许多工厂，北洋劝业铁工厂就是在1906年建立的。

工厂最初规模很大，产品种类也很多，有锅炉、汽机、汽剪、汽锤、汽碾、车床、刨床、钻床、洗床、起重机、石印机、铅印机、织布机、造胰机、榨油机、磨面机、洒水车等20余种产品。就连当时在天津流通的铜圆也是在这里铸造的，一直延续到20世纪20年代。《天津政俗沿革记》中曾有这样的文字记载："夫铁工机器厂，为凡一切工艺所需赖也。"

铁工厂建立后，对天津工业发展影响很大，并由此繁殖、派生出了一大批小铁工厂，一时间，"天津工人自立铁工厂，城内外颇有之"。这些工厂多为从北洋铁工厂出来的工人创办或做技术指导。所以有人称北洋铁工厂"是宜广集资本以扩充而光大之也"。

进入民国后，北洋军阀连年混战，战火频仍，民不聊生。铁工厂也由于管理不善接连亏损而处于半停滞状态。1923年曹锟部下杨光宇、杨克宣、孟昭远、杜少甫等人在工厂西面的洼淀及大和尚坟地先后建房成巷，因东邻北洋铁工厂而取名铁工厂胡同。

20世纪20年代末，一部分厂房和设备并入高等工业学校的实习工厂，铁工厂宣告停业。如今，铁工厂已荡然无存，工厂的旧址也早已改建成了民居，只有铁工厂胡同、北洋胡同等老地名还默默地记载着这里曾经的辉煌。

滨江道忆旧

北起张自忠路、西至南京路的滨江道，不仅在今天是天津的繁华区，而且在20世纪二三十年代就已是天津的商业中心了。

今天的滨江道是由原来的两段道路合并而成的。以大沽路为界，以东为葛公使路，以西称福煕将军路。1860年天津被迫开埠后，大沽北路以东沦为法租界，1886年筑路，名葛公使路，也称4号路。葛公使指的是法国人葛罗，他曾两度代表法国与英国代表额尔金一起，强迫清政府签订《天津条约》《北京条约》。当年有许多广东人

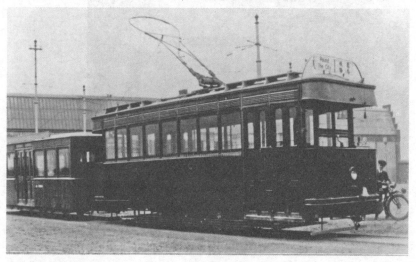

天津第一辆有轨电车

地名文化

20世纪20年代的法租界福煦将军路

法租界的基督教美以美会维斯理堂,建于1913年,地点在福煦将军路(今滨江道)

在此经商或居住，故又称广东街。1897年，大沽路以西沦为法租界的扩充界，1900年筑路，名福煦将军路，又称26号路。福煦将军是法国元帅，一战时曾任协约国总司令。1937年天津沦陷后，这两段路分别更名为兴亚三区4号路和兴亚三区26号路。1946年国民党收复天津后，将两条路合并统称为滨江道。

随着法租界的建立，巨商富贾纷纷来到此购地建房。从1925年至1930年，在今天的和平路与滨江道相交的十字街口相继建成了浙江兴业银行、劝业场、交通旅馆和惠中饭店等四个大型商业建筑，标志着这一地区商业圈的基本形成。进入20世纪30年代后，劝业场一带发展进入极盛时期，商场、商店、影院、戏院、饭店、舞场、浴池等如雨后春笋般不停地往外冒，眨眼间已是高楼林立，商业、娱乐业云集的"东方小巴黎"了。当年曾流传着这样一段顺口溜："租界地，真邪门儿，大开洼变成聚宝盆儿。楼比城北高几层，人比城南更摩登。大老爷们儿拄拐棍儿，小姐太太踩高跟儿。电灯电车那叫阔，买卖家竟是洋股东……"正是昔日滨江道一带的真实写照。

当年的影剧院有春和、北洋、明星、光明、天华景、开乐、天宫、大观园、小梨园、中国大戏院等；饭馆有天瑞居、都一处、天合居、满江红、正阳春、丰泽园、会芳楼、玉华台、蓬莱春等；舞场有皇宫、永安、仙乐、胜利、小洞天等。据统计，这一带新中国成立前鼎盛时期的餐饮娱乐业竟达60余家，这样的密度在全国也是首屈一指。

滨江道上的有轨电车也是当年天津的一道风景。1908年建成的蓝牌电车从北大关东北角经劝业场到东站，1918年通车的绿牌电车从劝业场至老西开教堂。这两条线路不仅方便了交通，而且为商家投资劝业场地区提供了商机，它也是促成劝业场一带繁华的一个重要因素。

陈家沟子的鱼锅伙

陈家沟大街东北起昆纬路，西南至十字街（今金纬路南段）。相传元朝时有一个陈姓住户曾在这里烧砖取土而形成了一条沟渠，故而得名"陈家沟子"。

清乾隆十年（1745），为宣泄津郊塌河淀的积水，天津县利用这条陈家沟开河17里，在十字街处连通北运河，注入三岔河口，名为陈家沟引河，后来引河淤塞成为一条街道，这便是"陈家沟大街"的来历了。

当年的陈家沟河道上接津北、津东河湖洼淀，下与海河、南北运河沟通，漕船、渔船往来不绝，船户、鱼贩聚居于此形成集市，成为繁盛一时的水陆码头。100多年前，天津卫的渔业大多集中在陈家沟子，10个鱼商中就有8个是陈家沟子的人。于是，就出现欺行霸市的"鱼锅伙"。"锅伙"是天津的土话，原意是许多人聚集一起在同一个锅里吃饭，后来逐渐演变为混混儿聚众场所的代名词。鱼锅伙就是专门把持天津渔业的一个混混儿组织，他们霸占码头，无论从哪里来的渔船，船上的鱼统统由他们卸下过秤，再批发给各家鱼商。鱼锅伙不但吃一买一卖的差价，收取一定的卸船费，而且还经常赊销渔民的鱼，鱼从船上卸下来暂不给钱，等鱼卖完了，从鱼商那儿收回钱后再给渔民。"打一套，又一套，陈家沟子娘娘庙。小

陈家沟子德善重阁老会

船要五百，大船要一吊。"这首当年流传在民间的歌谣就是鱼锅伙的真实写照。

干鱼锅伙的混混儿不仅对外要赚渔民、鱼商的钱，而且内部也是互相倾轧。因为鱼锅伙干着抄手拿佣、平地抠饼的无本买卖，收入丰厚，天津卫的混混儿们无不对此垂涎三尺。为了夺取鱼锅伙的绝对统治权，几方混混儿之间经常发生火并，恶战中总要有人死伤。当年陈家沟子四合鱼锅伙安家与共和鱼锅伙高家发生群殴，安家人用花枪挑死了高家一个人，高家将安家告上法庭。安家随后按行规抽死签，由徐老鸢抵命，并让几人自残后到法庭做证，再以金钱买通法院，结果把高家赶出了陈家沟子。

天津解放后，鱼锅伙被人民政府取缔，繁荣市场的鱼栈应运而生。随着百姓的需要，新增了福增茂杂货铺、三合永澡堂、士斌照相馆、天育堂药店等。1953年市政规划改造中，陈家沟子、小石道、小集大街、十字街东合并，统称为陈家沟子大街。

大胡同忆旧

　　大胡同位于今红桥区与南开区的交界处，北起金钢桥与中山路接通，南至北马路与东马路沟通，中与南运河南路、张自忠路、新开大街、金华桥大街、老铁桥大街、估衣街相交。它因拥有中国北方地区最大的商品集散地——大胡同批发市场而闻名全国。然而您知道吗？它还是一条与天津同生共寿，有着600余年历史的老街呢！

　　大胡同的出现，可追溯到唐宋时期。1400年，明成祖朱棣赐名"天津"时，位于南运河院门口浮桥与北运河窑洼浮桥间有一条短而

清末时的大胡同

20世纪初的大胡同

宽的胡同，因地处南运河北侧，故得名"河北大胡同"。

1648年，直隶总督督院衙门即设于此，故此地也称"院门口"。鸦片战争后，大胡同成为南运河与子牙河上两座浮桥间的一条通道。随着天津的发展，通道两侧逐渐盖起30多个商店，著名的德华馨鞋店、中华书局、商务印书馆、南味稻香村、天盛号酱肉铺等老字号就坐落于此。1870年，直隶总督兼北洋大臣李鸿章在天津办理"洋务"，在大胡同"独立国事数十年，内政外交常以一人当其冲，近世所未有也"。由此可见，大胡同可称为当年天津的政治中心了。

1882年，大胡同的南口修建了华北地区第一座铁桥——金华桥（后称老铁桥）。民国初期为大胡同的鼎盛时期，街市上店号紧密相连，有会罗春饭庄、德华馨鞋店、温泉浴馆、祥德斋、稻香村、中西药铺、文阁纸局、商务印书馆、大陆银行等；西边有侯家后、鸟市，东边有金钢桥鱼市；与官银号、正兴德茶庄、华盛顿表行等形成了一个完整的金融、文化、商业区。其气魄与繁荣可与当年的租界地相抗衡。

1918年，南运河裁弯取直，侯家后至老铁桥大街一段旧河被填平，大胡同的位置随之变为南运河的南侧，名与地理位置不符，遂更名为"大胡同"，沿用至今。

河北大胡同变到河南后，仍为南粮北运和水上运输货物的集散地，更成为天津早期的一个商业区。由于经济繁荣，各地客商纷纷来此投资。因大胡同北靠子牙河，船民、河工、纤夫、脚力等下层劳动者也栖息于此，这些人有的后来转为小本经营的小摊贩。拥有各种娱乐活动的鸟市、侯家后的兴盛，更为大胡同的繁荣提供了发展的人脉。

大经路上故事多

东起天津北站，西至金钢桥，位于天津河北区的中山路，原名河北大马路、大经路，建于1902年。这条满载天津历史的百年老街，记录着清末"新政"、辛亥革命、"五四"运动等一系列历史重大事件，见证了天津一个世纪以来的发展与变化。

早年该地野草没胫，积水成塘，只有少数零散的居民。清同治九年（1870），李鸿章督直后，辟为淮军义地。至19世纪末，形成了一条很长的土道，因道宽路长，被当地人称为大马路。当年道路两侧幽静整洁，路中央植有松树林带。

光绪二十九年（1903）河北新车站（今北站）建成后，道路拓修，改建为直通新车站的通衢，以纵为经，取名大经路。该路长1.5里，宽24米。大经路建成后，又开辟金钢桥以北的广大地区，形成了东西为纬、南北为经的几十条道路和比较规则的胡同、里巷。随着大经路的开发，许多军阀、政客、达官贵人在此建公馆、置花园。1923年后，在今新开河南岸又陆续形成新的住宅区，街巷纵横交错，呈棋盘状。

最早的大经路为灰土碎石路面，1924年，比利时商人承包了该路的修整工程，改铺沥青路面。1928年北伐胜利后，为纪念孙中山于1912年和1924年北上天津时的革命活动，将河北公园更名为中山

早期的大经路（今中山路）街景

公园。抗战胜利后，大经路也更名为中山路。

袁世凯执政时期推行"北洋新政"，河北新区遂成为新政的中枢。直隶学务公所、劝业公所、造币总厂、直隶总督衙门、审判厅等新政机构都在这里安家落户。大经路一时成了天津政治、文化中心，许多震撼人心的重大历史事件都在这里发生。1910年12月，天津掀起资产阶级立宪请愿热潮，大家公推法政学堂的李大钊等为代表，带领学生到总督衙门请愿；1912年8月24日，孙中山应直隶都督张金波之邀，在河北公园发表演讲；1919年，周恩来东渡日本归国后，与马骏、邓颖超、刘清扬等在宇纬路三戒里建立了我国早期马克思主义团体觉悟社。

在天津近代史上，中山路一直是风云变幻、令人瞩目的地方。可以说，天津从传统被迫进入近代，每前进一步，都在中山路上留下了深深的屐痕。

堤头的由来

在今天的河北区有堤头大街、堤头前街、堤头中街、堤头后街、堤头下坡、堤头女学堂胡同等地名，那么堤头到底在哪里，它又是怎么来的呢？

堤头位于今河北区西部，泛指杨桥大街以西至北运河，子牙河特桥以北至西沽货场铁路一带。这里早年是北运河东岸的一片荒地，人迹罕至。相传，元世祖忽必烈1271年定都北京后，派出大量民工疏浚河道，并在运河两岸筑堤，其中北运河东岸的大堤从1283年至1289年共修了近7年之久。因这条大堤从香河县的牛牧屯始，到此地正好是尽头，故称此地为"堤头"。明永乐年间，大批移民来此定居，或事农耕，或事渔业，或事船工，生息繁衍，代代相沿，人口不断增多，房屋连成片，形成村落，取名"堤头村"。

清同治年间（1862—1874）编纂的《续天津县志》中已有了堤头和堤头村的记载："按北运河东岸堤，自香河县至天津堤头止，堤头村以东之净土院、贾家桥、小关一带皆无堤。"堤头村发展到清代中期，已成为北运河东岸的一个繁华小村。天津历史上，曾有许多文人墨客作诗写赋赞美堤头村。清人姜森曾在《堤头晚归》中写道："一棹横秋水，苍茫渡晚烟。云阴融岸树，灯火静渔船。路怯新桥窄，村怜野潦穿。归纵徒踽踽，踯躅断流前。"形象描绘了村民恬静

地名文化

的生活和优美的自然风光。

早年的堤头还曾是远到东方和北方的游子们返回家乡的必由之路。为此，小小的堤头村专设有旅馆、驿站，以迎接远道而来的客人在此做短暂的休息。一个客人的一首小诗，记述了他当年在此小住时的情景和急切盼望与家人团聚的心情："渐抵津门路，乡音入耳清。暮烟群树合，渔火远滩明。旅馆复投足，家人应计程。来朝北堂上，团聚话离情。"

清道光年间，堤头村出现了第一条街道，即今天的堤头大街，历史上曾是连接席厂村、霍家嘴、北仓、西窑洼的主要交通要道，繁荣一时。

新中国成立后，随着经济建设和城市建设的发展，这里多次筑房修路，先后形成了多以堤头命名的几十条街巷。1985年，在堤头西部，南起志成路，北至辛庄大街，拓修了一条通衢大道，1996年命名为富堤路。正如这一路名所喻：堤头百姓的日子一天比一天好，生活一天比一天富裕。

东局子沧桑

在河东区程林庄路以北，月牙河以西，有一个叫"东局子"的地方。据《津门杂记》载："机器局即制造局，一在城南海光寺，一在城东八里大直沽东北，人称东局。"由此可知，"东局子"最初并不是一个地名，而是专指天津机器东局，简称"东局"，"子"是天津人的口头语。

第二次鸦片战争清廷战败后，国势日衰，农民起义此起彼伏，清朝统治岌岌可危。为"防患固本"，清政府总理衙门派三口通商大臣崇厚在天津选址城东十八里的万辛庄，创办天津机器局，制造枪炮，铸造银圆，聘请英人密妥士（英国驻津领事）为总管。后又在海光寺建立了一个机器局，制造炮弹、挖泥船、行军桥船、小汽艇和水下布雷的水压机船等。这两处机器局统称北洋机器局，前者为东局，后者为西局，老百姓叫白了，就是"东局子""西局子"。

同治九年（1870），天津教案发生后，崇厚离任，直隶总督兼北洋通商大臣李鸿章受命接办。扩建后的东局子，周长9里余，与天津旧城大小相仿。周围深沟设防，俨然一座独立小城。"城门"口高悬傅云龙题写的"北洋机器局"铜匾，围墙上是"海疆藩卫"四个大字。门前设土炮两门。东局子生产了许多装备新军的洋枪洋炮，也培养了一批能工巧匠，为天津机器工业打下了基础，天津工业的摇篮三条石的工人有很多来自机器局。

光绪六年（1880），李鸿章奉命建立北洋水师，在东局子设立水师学堂，同年又增设电报学堂、水雷学堂，近代许多名人都是出自这些学堂，如著名教育家南开大学校长张伯苓就曾是水师学员。

光绪二十一年（1895）天津机器局再次扩建，并更名为北洋机器制造总局。《津门杂记》载："地广数百亩，屋宇机器全备，规模宏大，井井有条，工作者约2000人，日费不止千金，专制火药及各种军械……水师学堂设在机器东局之旁，堂室宏敞整齐，不下100余椽，楼台掩映，花木参差，藏修游息之所，无一不备，另有观星台一座，以备学习天文者登高测望，可谓别开生面矣。"当年盛况可见一斑。

1900年八国联军入侵天津，侵略军用炮火摧毁了这所兵工厂和军校，东局子被俄军占领。俄军撤退后，又沦为法国兵营。1941年太平洋战争爆发后，东局子被日军接管。抗战胜利后，成为美国驻津用地。直到天津解放后，东局子才真正回到了人民手中。

1868年在贾家沽建立制造火药的天津机器东局，后改为北洋机器局

《到东局子去看难民》图文。选自《天津商报画刊》1933年第8卷第25期

话说佟楼

《续天津县志》载：乾隆年间，天津诗人童葵园，字兰凤，居住直沽之南，买外城田数亩，筑一小楼，题名"闲闲斋"，日事吟咏。《天津县新志》又载：童葵园，字兰凤，居直沽南偏，买负郭田数亩，取风人之义，以闲闲名其斋，日事吟咏。著有《闲闲斋集》。两史籍所载的"闲闲斋"指的就是今天的佟楼。

佟楼一带原为一片荒野，曾是一个名叫枣香村的小村庄。1739年天津进士朱琳，在京城会试得中后，衣锦还乡途中路过该村，曾即兴作了一首咏枣香村的小诗："枣花香里雨初晴，独傍南庄取次行。闲共鹭丝分畔立，移时听取水田声。"为什么说枣香村就是佟楼呢？有史为证，《天津县志》卷七载：枣香村在城南五里，又名南庄，童氏（即童葵园）别业。其中童氏别业即指"闲闲斋"。那么，"闲闲斋"又是怎么改称"佟楼"的呢？

枣香村本是一片荒田野地，突然间冒出来一幢小楼，常引得路人注目观望，后来人们打听到小楼的主人姓童，不知道"闲闲斋"是什么意思，于是就管它叫"童楼"。时间一长，人们渐渐淡忘了枣香村的原名，而将此地代称为"童楼"了。但童楼在各种史书记载中却是五花八门，《天津县志》中称作"童家楼"，民国初年的旧天津地图上称为"铜楼庄"，而今天的"佟楼"称谓原来也是一种

天津魂

三不管

鲁索·

天津版

天津雜趣

（五）

佟楼

·姜貴媛

青龍潭

輕舟逆綠波，
香荷滿池塘。

·李明·

1942年第15期《新天津画报》中对佟楼的记载

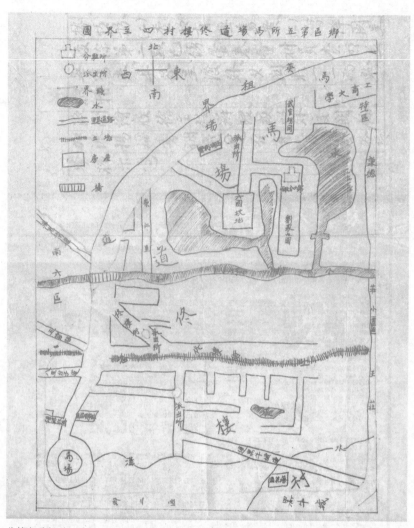

佟楼与马场道

误称。

　　清康熙年间的天津文人佟宏早年曾在今红桥区邵公庄修建了一座"艳雪楼"，被人们俗称为"佟家楼"。因佟与童音同，后来人们便把二者混淆了。尤其是清代盐道衙门官吏沈某在童楼建房立村后，竟取名"佟楼村"。就这样以讹传讹，本名童楼早已荡然无存，讹名佟楼却是流传至今。

当年，佟楼地区多为低矮潮湿的土坯房，穷苦的村民过着吃了上顿没有下顿的生活。而与之毗邻、专供外国人寻欢作乐的跑马场、乡谊俱乐部（今干部俱乐部），却是整天灯红酒绿，热闹异常。1949年，天津解放后，佟楼发生了翻天覆地的变化，村民生活得到改善。

今昔桃花堤

今天的桃花堤位于红桥区北部，勤俭道东端南侧，北运河西岸。这个桃花堤虽是1985年新建的，但有文字记载，明清时期这里确实有一处桃花堤。

据史书记载，自明朝末年到清朝前期，北运河丁字沽、西沽一带岸边多桃柳，逢春日游人不绝，文人墨客吟诗作画。《津门诗钞》卷二十四引《念堂诗话》中也载有"天津北三十里，地名桃花口"的句子。1644年春，李自成的大顺军攻下天津后，许多文人都到桃花口一带避难，其中有一个叫成始终的僧人借桃花之情抒发自己久盼天下太平的心怀，在民间广泛流传。

进入清朝后，桃花口及旁边的白沙村一带的桃花园盛景空前，一时惊动了紫禁城里的康熙皇帝。相传，乾隆皇帝听说早春江南桃花盛开，极似诗人陶渊明笔下的桃花源，便乘龙舟疾驶浙江。回銮时，发现近在眼前的天津桃花口的桃花竟然更胜江南一筹，又似太平盛世，一年报两春之祥兆，遂龙心大悦，提御笔为桃花口和白沙村作了一首《点绛唇》："再见桃花，津门红映依然好。回銮才到，疑似两春报。锦缆仙舟星夜昞，辰晓情飘渺。艳阳时袅，不是重阳老。"后又赐名"桃柳堤"。从此，桃柳堤成为津门名胜。

20世纪初，北洋大学迁至此处，校歌中便有"花堤霭霭，北运

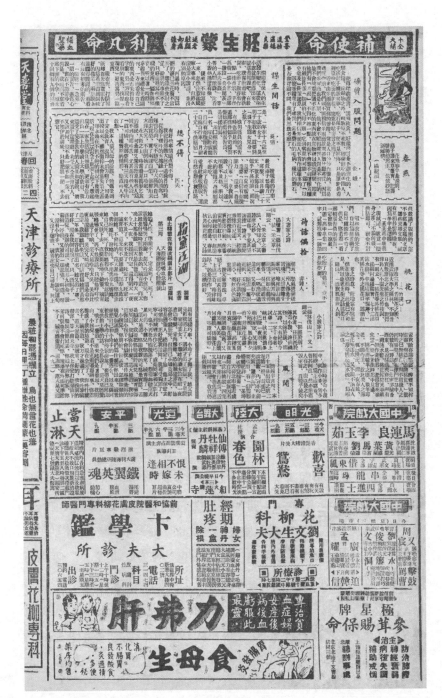

1943年第4卷第21期《新天津画报》中对桃花口的记载

创办于1895年的北洋大学，是中国最早的工科大学，今为天津大学

滔滔，巍巍学府北洋高"之句。三四十年代，每逢春晴晓日，游人如织，络绎不绝。初春到西沽观桃的习俗一直延续到解放初期。

　　1956年后随着城市发展和建设用地的征占，桃花堤被人为破坏，一时面目全非。1985年恢复观桃盛景，重建后的桃花园有山石、曲径、水榭、亭台楼阁等美景：正门建桃花园牌坊，门前石狮一对，门上嵌"桃花园"镏金字；进门迎面为"麻姑献寿"石雕，前行可见"迎春洞"，进"园中园"便是"迎宾阁"了；长廊与"龙亭"相连，亭内竖"桃柳堤"碑一座；"五龙壁"又有"九龙泉"喷水石雕，与对面"二龙戏珠"卡墙遥相呼应；堤上是"观桃台"，岸边有"乾隆皇帝登临处"。园内有山桃、碧桃、蟠桃、垂枝桃、寿星桃及垂柳、乔灌木等20多种5000余株。从1990年开始，每年春季红桥区政府都要在此举办桃花节盛会，吸引无数游客来此游春赏花。

今昔小王庄

一提起河北区小王庄，老天津卫人都知道那里曾有一个刑场，从20世纪30年代到解放初期，许多刑事犯在这里被执行死刑。

小王庄位于河北区西部，泛指民安街、津浦南路东南侧，天泰路（原小王庄大街）东西两侧一带。100年前这里还是一片荒野洼地，清末时期开始出现住户，在此拓荒种菜。1910年后，有一个绰号"鸭子王"的养鸭人，在今同昌里一带修建鸭栏，大量养殖鸡鸭，专供市内各大酒楼、饭庄。随着生意的日渐红火，"鸭子王"养鸭专业户的招牌越叫越响，鸡鸭养殖场逐渐形成，烧鸡、烤鸭、酱货加工等工厂相继建立。随着养殖场的不断扩大，雇用的伙计也在不断增多，于是，他在今天的西北角一带买下了一片平房，专供伙计们居住及酱货存储。这就是今天西北角王家胡同的来历。"鸭子王"在养殖场周围也盖了两排平房，取名同昌里。后来周围居民逐渐增多，形成聚落，取名"小王庄"。

在小王庄里有一个顾乡村。据说，当年曾有一个姓顾的山东人只身来此创业，发达后置地建房，成家立业，但他却每天总是思念自己家乡的亲人，因而取村名顾乡村。顾乡村今天已经没有了，其地理位置就在现在的民安街、民盛里、民丰里、联合胡同、永强胡同一带。虽然以小王庄命名的街巷很多，但在老天津卫人脑海中印

盛國華春頓會晚

俄國駐津領事館　復活

◎天津紅十字會經辦小王莊第六第四收容所與災民實況◎

端節的法租界和東局子

難民下送津收容所帶回傷

黃斯漫畫寫

裝飾品的變遷

象最深的莫过于小王庄刑场了，而这个刑场就在顾乡村附近。

　　1952年刑场废除，小王庄大街铺筑水泥路面，两侧店铺也做了翻修重建，逐渐形成繁华的居民聚居区。扩建了光荣酱油厂、动力机厂，修建了京津影院，开辟了安定里农贸市场。1998年，针对这一地区街巷狭窄，多为危陋平房的特点，市政府开始重点改造，拆除培育里、永平里的平房，将小王庄大街拓宽至9~12米，更名为天泰路，成为城区的一条主干道路。

金钟河里有金钟

常听人说，九河下梢天津卫，意思是说海河是由上游的九条河流汇集而成，然后归入大海的。至于这九条河都有哪些河流，现在没有人说得清楚。今天河北区的金钟河大街是由从前的金钟河填平后形成的，金钟河应该就是这九条河流中的一条吧！您知道吗？金钟河的得名还有一段传奇故事呢。

有人说，金钟河入海处，水流湍急，潮至则声若洪钟，故而得名"金钟河"。而在民间广泛流传的却是这样一段故事：当年海河边上有一户贫苦渔民，夫妇二人老来得女，取名彩莲。一家三口以打鱼为生，倒也过得苦中有乐。一转眼，彩莲已出落成了一个如花似玉的大姑娘，自然就成了众多少年的追逐对象。渔霸李虎的小儿子李龙也看上了彩莲。李虎请人几次到彩莲家提亲，都被彩莲断然拒绝了。

天有不测风云，人有旦夕祸福。一日，彩莲爹出海打鱼遇上风浪，大浪将船打翻。虽然彩莲爹侥幸逃生，但渔船却沉入大海不见了踪影。为了买船，彩莲爹只得硬着头皮向李虎家借钱。李虎却非常痛快地答应了，谁知这却埋下了祸根。李虎三天两头到彩莲家逼债，最后限令三天还债，否则就要抢彩莲抵债。两天过去了，彩莲家仍没钱还债。夜晚，一筹莫展的彩莲爹昏昏入睡。夜半，梦见一

位于金钟河上的贾家大桥建于20世纪初，俗称蘑菇桥，1918年三岔河口裁弯取直时，此桥拆除

个白胡子老头喊他：别发愁了，快到河北新挖的那条河心去撒网，一网虾，二网蟹，三网捞上来个金链链，砍下一截子好还债啊！彩莲爹被梦惊醒，将方才的梦说给了老伴。偏巧，被早已候在门外怕彩莲逃跑的李虎听到了。他飞快地跑回家拉上李龙直奔河北。父子二人划船至河心，撒下大网。第一网捞上一堆虾，第二网打上一堆蟹，第三网果然拉上来一条又粗又亮的金链子，父子俩欣喜若狂，用力往船上拉，一会儿，金链子已堆满了整个船舱。但贪得无厌的父子二人仍不停地拉，忽然，链子的尽头出现一个熠熠闪光的金钟！当他二人正要挽钟入船时，船因不堪重负一下子沉了下去。这一切

地名文化

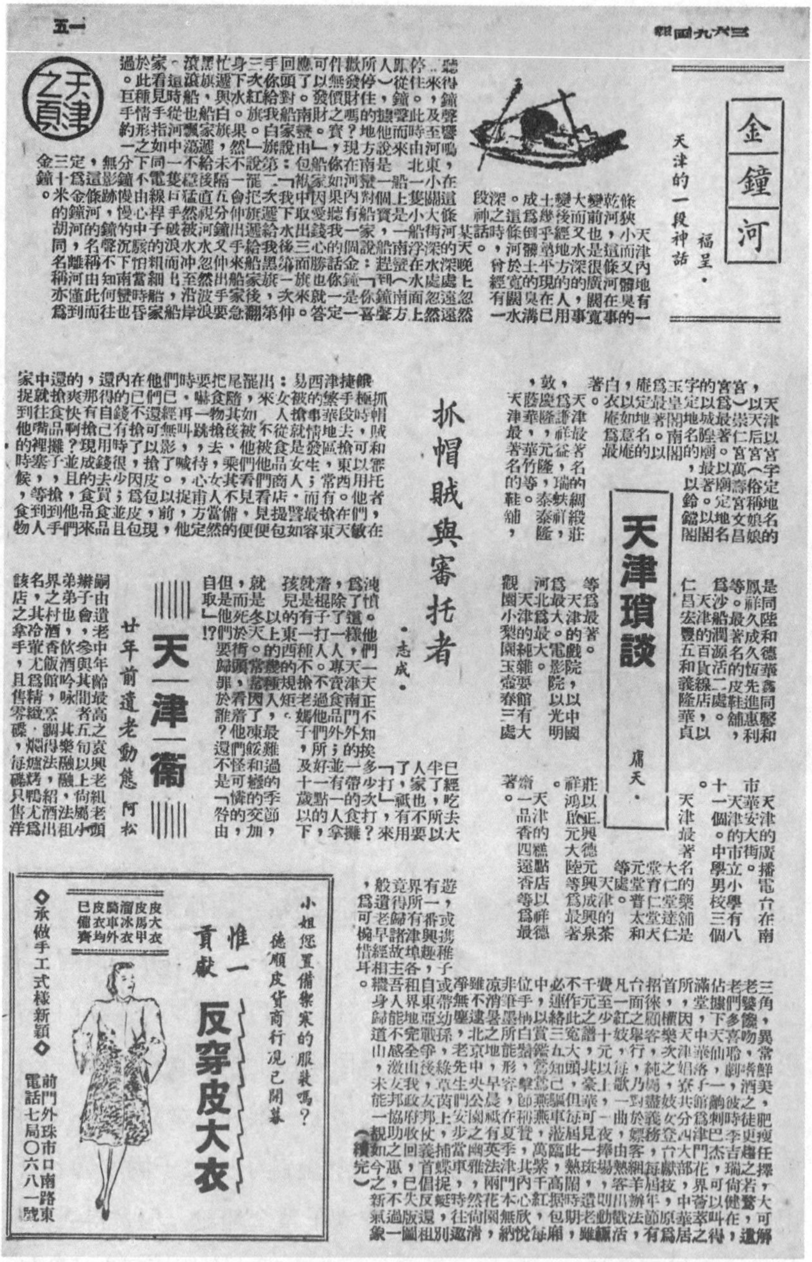
三六九畫報
金鐘河
天津的一段神話
福呈
天津之頁
抓帽賊與審托者
志成
天津瑣談
庸天
天津衛
廿年前遺老動態
阿松
小姐您置備衆家的服裝嗎？
德順皮貨商行現已開幕
惟一貢獻
反穿皮大衣
承做手工式樣新穎
電話七局〇六八一
前門外珠市口南路東號

1943年3月《三六九画报》中的金钟河掌故

都被随后起来的彩莲爹看了个满眼。天亮后，李家来人打捞，只捞上了父子二人的死尸。金钟虽然不见了，但这条河却因此得名"金钟河"。

据史料记载，金钟河形成于1874年，原为北运河的减水河，兼有航运、捕捞之利，曾是津东地区航运的干道。1918年三岔河口裁弯取直后，金钟河水源断绝，日渐枯涸，终成废河。1953年，将此河填平建成了金钟河大街。

马场道与赛马场

近些年，随着天津旅游资源的进一步开发，"五大道"的名字可谓是如雷贯耳了。马场道这条建于1901年的百年老路，为"五大道"中建成最早、建筑最多、建筑风格最广、最具代表性的一条路。有人把它形象地称为"中国建筑史、中国租界史的教科书"。

马场道街景

津门掌故

乡间俱乐部、赛马俱乐部、骑师房间、马场道与达文波特路交叉口处

　　1886年，天津海关税务司、英籍德人德璀琳，通过直隶总督李鸿章取得了佟楼以南的200余亩土地。先是在此建起了一座别墅，人称"德璀琳大院"，后又建成了一座赛马场（今天津工业展览馆一带）。赛马场初时以"锻炼身体""改良马种""繁荣市场"为名，但实质上却是一大赌场。

　　1900年，义和团运动席卷天津，团民一怒之下烧毁了赛马场的看台。八国联军侵占天津后，英国工程师就与德璀琳合作，重建了赛马场。1901年，整体呈椭圆形的赛马场竣工后，定名为"天津英商赛马会"。

　　同年，英租界当局以沟通马场为名，从赛马场经佟楼，沿英租界直到墙子河的德门（俗称小营门），修建了一条通往赛马场的道

地名文化

143

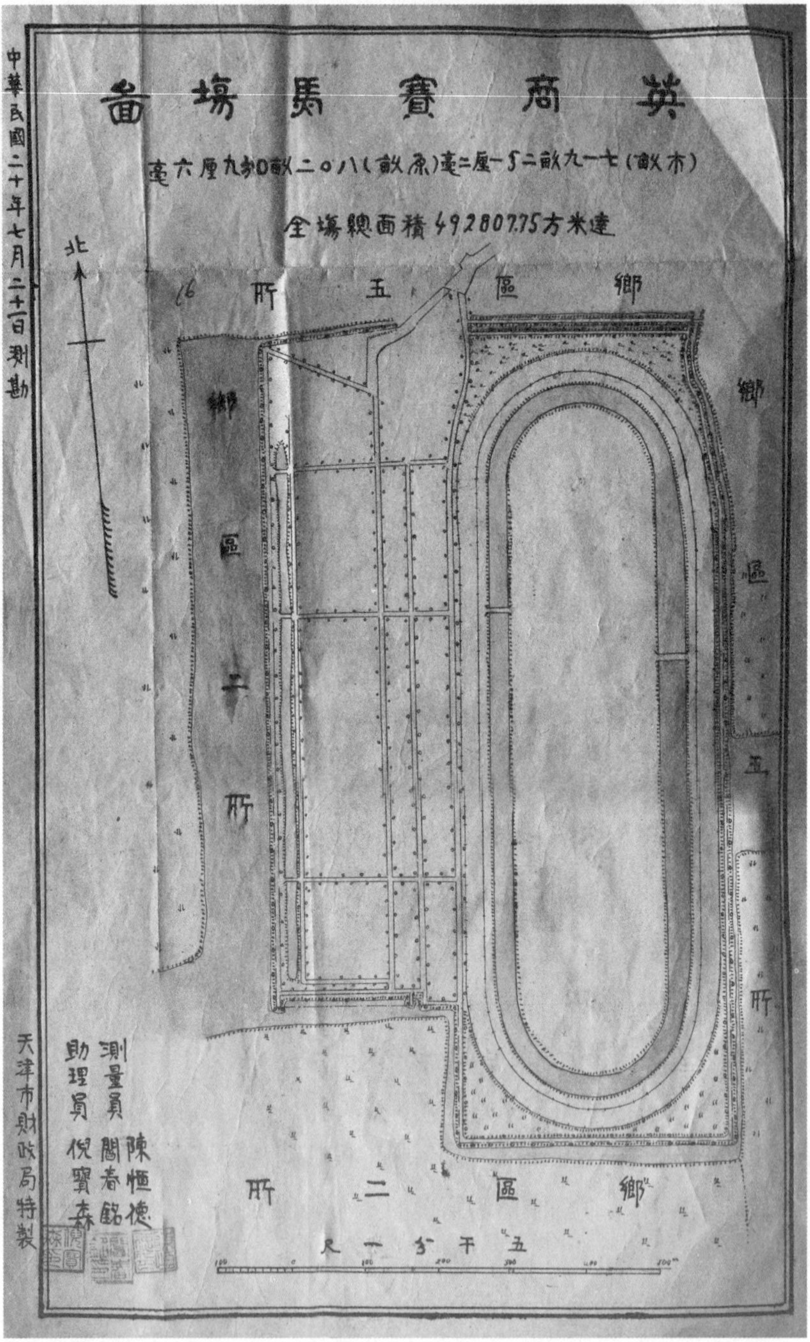
英商賽馬場圖
中華民國二十年七月二十日測勘
北
鄉區五所
鄉區二所
測量員 陳恆德
閻春銘
助理員 倪寶森
天津市財政局特製
五千分一尺

英商赛马场图

路，取名马场道（初名马厂道）。因当时这里还不属于英国租界，所以，道路建成后，仍由中国警察站岗，只是每逢春秋两季赛马时，才由英租界派巡捕加岗，协助维持秩序。为了达到扩充租界的目的，英租界当局向中国官方行贿，改为长期由英国巡捕站岗。1925年，北洋政府承认了事实上已被英方占据了的马场道地带为英国的推广租界。

在赛马场西侧还有一座乡谊俱乐部，建于1925年，为英商景明工程司设计，赛马会投资兴建。内设室内游泳池、地球、台球以及弹簧地板的舞厅等设施。新中国成立后，几经扩建，成为天津干部俱乐部。

由于连年军阀混战，政权数度更迭，一大批下野的政客、落败的军阀及买办、豪绅纷纷躲入英租界栖身，以求庇护。他们在马场道西北侧的大片土地上广置房地产，一幢幢风格迥异的小洋楼拔地而起。集古典式、文艺复兴式、哥特式、罗曼式、巴洛克式等等世界各地主要建筑流派于一街，以马场道为主的"五大道"遂被世人冠以"万国建筑博览会"的美誉。

马场道最早为土路，后改为碴石路。20世纪20年代初，成为天津最早铺设沥青路面的道路之一。1943年日军侵占天津后，改称兴亚二区七号路。1946年国民政府接管后恢复原名，并沿用至今。

墙子与墙子河

天津有"大营门""小营门""南营门""北营门"等一系列关于"营门"的地名，却不见一座营门，那么这些地名是怎么来的呢？当年是不是天津有许多营门呢？我告诉您吧，它们都与当年的墙子与墙子河有关。

1860年初，第二次鸦片战争结束后，驻防天津的清军统帅僧格林沁，为抵御英法联军的入侵，也为防止太平军再次北上，挖土为濠，累土为墙，修筑了一道北起南运河三元村经湾兜折向东南，再经海光寺直到梁家园的围墙和一条濠沟，形成了一道距旧城近为三里多、远达五六里的外城。围墙俗称"墙子"，设立东、西、南、北四座营门，当时的外国人称之为"僧格林沁之墙"，濠沟便是墙子河了。

1881年，直隶总督李鸿章见天津盐商"富可抵城"，便命令天津道府和盐政重修外城。修好后的围墙周长36里，东、西、南、北四门分别更名为"寅宾""西城""未薰""拱辰"。每座门前均竖石碑，记录此次重修外城的经过。为了便于与外界沟通，又建了10座偏门，东北设二门为"朝宗""凝晖"；西南门称"三庆"（俗称小西门）；西北二门为"顺轨""保卫"；正东偏西名为"绥丰"（俗称小北门）；正北偏东叫作"格远"。这里的"凝晖门"因地处梁园，故

1925年墙子河上的宝士徒道（今营口道）桥

墙子河入海口处的节制闸

又叫梁园营门，也称大营门，之所以叫它大营门，一是因为它在所有营门中最大，二是因为它通向海大道（今大沽路）。

1900年八国联军攻陷天津城，墙子逐渐被夷为平地。今天，墙子虽早已荡然无存，但"北营门""大营门"等地名却流传了下来。

墙子虽然没了，但墙子河却存在。民国初年，墙子河上还经常有船只运载稻草、砖瓦、灰砂等。随着水上运输的发展，墙子河沿岸摆摊叫卖的小贩比比皆是，船工们也常在小摊上吃喝、休息、聊天。后来，随着南运河和海河水位的变化，墙子河成了一汪死水，许多工厂随意向河中排泄污水，以致河水发黑，蚊蝇孳生、杂草丛生，最终成了天津的一大公害。

新中国成立后，先是因海光寺至大营门修建地铁，将这段墙子河改为暗渠，后又建成了南京路。前几年，市政府下大力量改造墙子河，如今津河已成为装点津城的一道亮丽风景线。

三条石寻踪

　　地处今红桥区东南部，西通河北大街，东至大王庙附近的三条石大街，素有"中国华北机器铸铁业摇篮"之称。20世纪30年代中叶，街的东西两路口曾分别建有木牌坊，上书"三条石大街西口""三条石大街东口"字样。这条大街既不以商业闻名，也不以文化著称，而是以铸铁和机器业名扬天下。

　　三条石大街是因早年这条马路中心并排铺设的三趟条石而得名。相传清直隶总督李鸿章为其妻（一说其母）送葬，路经这条街，当时适值雨季，土路泥泞不堪。李鸿章遂募集劳工和派遣清兵突击施工，在路中央铺设了三趟条石，以使灵车顺利通过。由此，便有三条石大街。

　　1860年，三条石地区出现了第一户家庭手工业作坊——生产铁锅的秦记铁铺，

坐落在三条石的金聚成铁厂，建于1897年

河北大街曾是城乡贸易的重要通道

它是由马文衡、李汝林用1000吊钱起家建成的。它的诞生拉开了天津民族工业产生与发展的序幕。1870年前后，天津机器局裁员，失业后的一部分技术工人来到三条石地区开设私人作坊，更加有力地推动了技术工艺革新和产品质量的提高。据统计，1914年时，三条石地区已有铁工作坊71家，产品有弹花机、织布机、打包机等，后又出现了轧花机、榨油机、磨面机及相关零部件的生产。当年的三条石大街机声隆隆，锤砧叮咚，铸铁厂风火呼啸，焰火烛天，路两边的大小工厂，一家挨一家。街南的"郭天成"，街北的"金聚成""三义成"，街西的"福聚兴"和街中的"春发泰"都曾是闻名华北地区的机器厂。

1925年至1936年是三条石地区发展的鼎盛时期，当年在这条长仅一里多地的街面上，竟有手工作坊和工厂300余家，规模扩大，产品增加，质量提高，分厂、分号遍及全国10余个省市，成为天津乃至华北地区颇具影响的机械制造及铸铁业的中心，在中国享有"铁工街"之称。

20世纪60年代，天津市政府在此建立了三条石博物馆。如今，随着城市的开发与建设，昔日的三条石大街已不复存在，取而代之的是天津运河经济文化商贸区和近代工业博物馆。

王串场小志

　　今天的王串场位于河北区的东南部，泛指红星路以西至丰垣路，真理道以北至金钟河大街一带，《天津市地名志》中以之命名的街道、公园、居民区总计44个。可以说，这个地名人们早已耳熟能详，但要问起它的由来，恐怕就少有能说上来的了。

　　王串场最早是农田和荒野，地广人稀，原属武清县，清雍正八年（1730）划属天津县。乾隆年间，此地的东北端开始有人居住，数年后，住户增多，渐成村落。时有一个王姓人家举家从南方迁来，这家顶门立户的男人有个"串子"的绰号，人们都管他叫王串子。王家购买了一些良田以种地谋生，连年风调雨顺，年年大丰收。为此，他家建了一个大场院，每至秋收季节，收获的粮食在场院里堆成一座座小山，一家老少在场院里忙着晾晒、打场，粮食归仓。全村农民无不羡慕他的大场院，都想沾一沾王家的喜气，纷纷租用王家场院打场，粮食收割下来后，都要直接送进王家场院，男女老少一派忙碌，王家场院好不热闹！时间一长，"王串子场"便被叫响了。因天津人在方言中常有吞音吃字的现象，如"自行车"在方言中常被读成"自车"，"王串子场"则被读为"王串场"了。岁月沧桑，久而久之，王串场逐渐演变成村落的名字。

　　清代时，王串场附近曾设码头，天津常关在这里设有王串场分

清末王串场常关分局

关，代收货税，故又有"王串场关"之名。民国初年，王串子的后
人重新迁居，重返南方故土。行前，把祖宗留下的田地、房产和场
院一并卖给了当地的富户张俊川家。1937年"七七事变"后，日本
侵略者五次强化，残酷地对天津居民实行黑暗统治，1940年，将王
串场村分为三大块，分别以姓氏命名为赵家胡同、崔家胡同和张家
胡同，施行分而治之的政策。地名虽然被分为三个，但王串场人却
仍有着一颗共同抗日的决心。1945年抗战胜利后，这三个地名改为
王串场、王串场东和王串场西胡同。

　　天津解放后，王串场发生巨大变化。1952年，在市政府的统一
规划下，王串场新建了三十一段平房工人新村，同时拓建道路、新
辟街巷，多以王串场命名。王串场一改往昔荒凉景象，整齐的红砖
平房鳞次栉比，宽敞的街道纵横交错，工厂、学校、影院、俱乐部、
公园、医院、商店、邮局等公共服务设施相继配套建成。

历史悠久的仓廒街

在今南开区东门北西侧中段，有一条路名为仓廒街，它虽只是一条长233米、宽5.1米的小街，但在天津历史上却颇为有名，而且已有600余年的历史了。

史料记载："永乐十三年（1415）罢海运，从里河运粮，令天津卫官建盖仓廒贮粮。"也就是说，早在明代永乐年间这里就开始建仓廒存储漕粮了。至明宣德年间，粮仓已增至三个，官方派户部监督。这三座粮仓分别是：天津卫"大运仓"、天津左卫"大盈仓"、天津右卫"广备仓"。此后，因为支援朝鲜抗击倭寇和抵御清兵入关，明廷又在津设立了督饷院，专门办理军粮运输事宜。随着仓廒规模的不断扩大，附近逐渐建设住宅，成为居民区，加之运粮车马往来频繁，遂形成街道，取名仓廒街。

明代末年，李自成起义军进入天津时，打开粮仓赈济贫民，百姓把粮食搬运一空后，大顺军遂将仓廒付之一炬。清代初年，清政府又在原地重新建廒屯粮，以"岁支本镇兵饷"，并且重修了关王庙。雍正年间，胤禛改革兵制，废除原有军制，仓廒也因失去作用而被废弃，有的改为江苏、浙江会馆，有的改成会文书院，有的改建乡祠和私人祠堂，有的成为民居。

仓廒街也叫户部街，因为设仓廒之后，明政府派户部主事监督粮食收放，并设立"户部分司"。仓廒街的东头曾树有一块写有"乐善好施"四个大字的牌坊，是天津书法家赵元礼所书，颇具神韵。据说，是曾为八国联军入侵天津带路的汉奸张锦文所立。

仓廒街上原有一座会广书院，系清代举人考课之地，科考制度废除后，近代教育家严范孙、林兆翰等在此地筹建了民立第一小学堂，这是天津的第一所民办学堂，后改称私立第一小学。清政府的修志局和李鸿章的"淮军银钱所"也在这条街上，天津地方著名文献《天津县新志》《政俗沿革记》等就是在这里编纂而成的。

仓廒街的尽头是道署东箭道，那里曾是徐世昌的旧居，他在就任大总统前后就住在这里。当年此地还有一处"虎座门楼"，整个宅院有100多间房屋，一律为木隔房，各院均设铁天棚、八角门，精美的砖刻装饰比比皆是，是天津典型的"四合套大瓦房"。

西南角的变迁

1404年，天津设卫筑城，挖掘城池，修建城墙，人们便以"算盘城"的四个角指代地名，即东北角、东南角、西北角、西南角。如今，虽然城墙早已拆除，但这些地名却在老百姓中代代相传。

西南角最早的建筑是赵家窑。明弘治三年（1490）在城外择地建起南头窑、赵家窑、吴家窑、金家窑四座砖窑，成砖专供修城之用。赵家窑就在西南角。清光绪二年（1876），北方五省旱灾严重，天津灾民日渐增多。候补道盛宣怀、周馥等5人，捐资在东南角南斜街成立赈灾会。翌年，在西南角太平庄购地120余亩，建房300余间，收容灾民。光绪四年（1878），直隶总督李鸿章奏请朝廷将赈灾会改为广仁堂，堂址移至西南角赵家窑以南，成为天津著名的慈善机构。

1900年八国联军侵占天津后，比利时趁机在天津设立租界，并在都统衙门统治天津期间取得了在津设立电车电灯公司的专利权。1904年，中比双方在天津签订了《天津电车电灯公司合同》。比商筹集25万英镑作为启动资金，在西南角创设比商电车电灯公司。1906年2月16日，环绕旧城行驶的白牌电车正式通车，这是全国第一条电车线路，也是中国城市公共交通事业的起点。《天津地理买卖杂字》曾记载："西南角：广仁堂，电子公司，叫卖行。"就是对当年西南角的真实写照。

1860年天津开埠，九国租界相继建立，随着侯家后衰落，那里的一些年老色衰的娼妓流落到赵家窑，逐渐形成一个天津低级娼寮区。这一带胡同弯曲狭窄，房屋低矮破旧，妓女在这种恶劣的环境下卖身求生。直到天津解放后，人民政府取缔了娼妓，妓女们才走向了新生。

比商天津电车电灯公司

进入民国后，西南角渐趋繁荣，德利香糕点店、德利成干货店、四海居饭店、永安茶庄和南开大街北口"杨巴"的恩庆和饺子馆等许多天津著名的老字号相继在此落户。解放天津战役打响后，西南角成为解放军从西营门进市区的突破口，在战火中，一些商店遭受破坏。

新中国成立后，天津市政府对这里进行了多次改扩建。进入20世纪80年代后，西南角中心形成轮辐式路口，赵家窑修建成了宽40米的黄河道，街道两侧商店林立。辟建了南开五马路和拓宽了内环线南开三马路，天津商场、东方商厦两座高层商业大厦拔地而起，与相邻的服装街共同组成了南开区繁荣的商业中心。

昔日的谦德庄

位于河西区北部的谦德庄，泛指永安道、徽州道和保安街、汕头路附近方圆二里多的地域。新中国成立前，这里因麇集着恶霸、混混儿、地痞、娼妓而成为天津有名的一块"杂霸地"。当年曾流传着这样一句顺口溜："谦德庄逛一逛，刨去吃喝全是当。"

1917年，直隶（今河北省）南部发生特大水灾，波及天津南乡一带。文安、大城、静海等县灾民流入天津，落脚于小刘庄萝卜地。红卍字会出头赈灾，每户发给一块银圆、一袋面。灾民们搭起简易窝棚暂时安顿下来。翌年春，津门豪富李春城的孙子李茞臣（人称李善人）在他家的私人花园——荣园（今人民公园）西北角盖起了南北两排200余间土坯房，赁给灾民居住，名为李家小房子，即现在的李家房子。这便是早期的谦德庄。

天主教会崇德堂是献县教区设在天津的账房，庚子年（1900）后，凭借洋人势力在天津低价掠夺大片土地，建房出租牟利。当时谦德庄还是一片荒地，地势低洼，崇德堂雇工垫土填坑，盖了一片又一片的住房，取名元兴里。1939年天津水灾，一批无家可归的灾民来到谦德庄，搭窝铺安家。因这一片房屋建在元兴里之后，故称元兴里后窝铺。1940年，宝兴池的三位掌柜也在此投资建房，取名三友里。

谦德庄东南有个西楼村，住着恶霸李珍、李玉兄弟俩。他们也相中了这一地区，便纠集了一伙地痞、流氓到谦德庄经营房地产，但他们并不靠买地建房，而是专门强行收取保护费。在这里无论是谁买地建房、开店铺、做生意，都要向他们缴纳一定数额的佣金。特别是李珍建立的保安公司，上有官府庇护，下有打手驱使，专干平地抠饼、雁过拔毛的勾当，催租讨债、敛捐收税、管教妓女等无所不为。在此的上百家妓院、十几家当铺、几家大烟馆都得按时"孝敬"保安公司。

　　至于谦德庄地名的来历，众说纷纭，归结起来主要有三种：一是东边靠近德租界，对德国人总得谦让一些，故而得名。二是李珍串通天主教徒王谦富、李德宝，取得了崇德堂69亩地的产权，从王、李二人的名字中各取一字，便是谦德庄。三是此地最早属于崇德堂，当地的街长余某、副街长姚某，为讨好教会，以"谦让崇德"之意取名。

　　天津解放后，谦德庄获得新生。这一带的妓院、反动会道门、烟馆等罪恶渊薮被铲除，恶霸、帮会头子被镇压，人民当家做了主人。

消失的黄家花园

如今的黄家花园位于和平区中部，民园街道办事处西北部，泛指山西路与西安道交会处一带，已没有了花园的踪影。那么，这里历史上到底有没有过花园？黄家花园中的黄指的又是谁呢？

1860年在外国人的坚船利炮下，天津被迫开埠，九国租界相继产生。清朝末年，有一个名叫黄荫芬的候补道台，在英租界购得一片荒地建造房屋。黄荫芬是广东人，酷爱养花，据说，他在广东时就有一座小花园，种植各种名贵花卉。到津任职后，他一心想着把那些花儿搬到天津。于是，他在今南京路与山西路交叉口东侧，专建了一座长约40米、宽约10米的小花园，四周种植大麦熟（蜀葵）和喇叭花，中间特设了一个玻璃暖窖。花园建成后，他立即派人将广东的花卉分批运抵津门，送入玻璃暖窖中。如此多的只在南方才有的奇花异草齐聚津城，对喜爱花卉的人不能不说是一件新鲜事。于是，他们托关系、找熟人与黄荫芬联系，为的是能到花园来一睹名贵花卉的芳姿。

花园虽不大，但春来海棠争艳，夏季芍药花开，秋到菊丛似锦，隆冬腊梅吐芳，一年四季，花园里总有花开。黄荫芬更以赏花为题，摆茶设宴，联络达官显贵。一时间，人们竟以能到黄家赏花引以为荣。众人习惯称黄荫芬的宅院为黄家公馆，而把风靡一时的花园自

地名文化

159

然地称为黄家花园。后来，黄家花园一带逐渐有了居民区，人们便把这一地区称为黄家花园了。

随着墙子河外居民的不断增多和商业的渐渐繁荣，已逐渐形成了黄家花园商业区的雏形。1930年前后，英工部局将墙子河外划分为三个等级区，成都道以南为一等区域，只准建造住宅房，不准开设铺面；黄家花园一带为二、三等区域，住宅、铺面可以并建。一时，官僚买办纷纷在这一带开店铺、立字号。随着租界地畸形繁荣，黄家花园的名字越叫越响。而建立黄家花园的黄荫芬因年事已高，无心再摆弄花卉，并有了叶落归根的想法。于是，他卖掉了房产，处理了花卉，回广东养老去了。花园也随之枯败，有人在此改建了房屋。

天津解放后，黄家花园商业区规模不断扩大，以繁华的西安道、山西路两条商业街为中心，集中了以经营百货、食品、副食、饮食、五金、化工、医药、照相等为主的60多家中小型商店。黄家花园已从早期的"花园"含义，成了"一片商业区"的代名词。

消失的永丰屯

今天的红桥区双忠庙大街一带，新中国成立前曾是天津运河边上六十四屯中的第一屯——永丰屯，在不同历史时期，它还有西大湾子、张官屯驴市口等别称。

永丰屯原是南运河故道，在此自然成湾，因为河湾位于天津城西，故而俗称西大湾子。明代初期，朝廷在天津设屯时，正式命名此地为永丰屯，人称"运河第一屯"。因驻军官吏姓张，故而又叫张官屯。永丰屯后来之所以家喻户晓，是因为清朝初年，这一带的运河两岸设立码头、货栈，成为天津贸易集散地之一。《天津卫志》记载："永丰集，在张官屯。……城西北沿河一带，旧有杂粮店，商贾贩粮百万，资运京通，商民均便。"因经南运河而来的南粮，除一部分运到河北粮店街，另一部分则聚集到了永丰屯，永丰集渐渐发展成一个专门的粮食集市。清康熙年间，永丰屯达到鼎盛，附近又增设了鱼市、驴市和粮栈等。清光绪年间，又开设了怡和斗店，专存粮货，并奉持有代办"牙税"的"龙票"。当年天津有西、北两集，西集指的就是这里。

永丰屯在集市外是一片荒野，遍地长满了野菊花，引得许多游人驻足观看。有人还为此写了一首《永丰屯看菊》诗："独坐秋烟古井旁，井泉澄澈道心凉。数枝野菊浑无主，向我临风着意黄。"永丰屯虽有闹市的喧嚣，但也有优美的田园风光。有位清朝诗人路过此地，不免赞叹道："苇箔茅檐燕子风，井床瓜圃岸西东。小桃花发谁家树，隔水相看分外红。"

永丰屯形成专门粮食集市后，大批粮食漕运到这里，粮货舶岸，需要陆路交通的运输，因而专供商民小贩租用驴马的集市也就应运而生了。所以，永丰屯又多了个"驴市口"的别称。

1917年，南运河裁弯取直，河道北移至今井冈山桥至大丰桥河段，西大湾子河道废止，填河建街，形成今天的西湾大街，街两侧集中了许多小店铺和小商贩。1919年后，这里陆续建成人烟稠密的居民区。多为贫苦的下层百姓，靠拉车、搬运、做小买卖营生，居住的是简陋的土坯房。每至雨季，低洼地带积水数尺，道路泥泞不堪。居民吃水都是肩挑、手提地直接饮用运河水。

天津解放后，在党和政府的关怀下，永丰屯的环境得到根本改善，街巷改成了沥青路面，自来水管道引入千家万户，砖瓦房取代了土坯房。如今，永丰集早已废止，西大湾子、永丰屯、驴市口等地名也已消失，但我们不应该忘记这里曾经发生过的故事。

民国时期下层百姓的居住地

小白楼寻源

提起小白楼，几乎家喻户晓。但它为什么叫小白楼，这一带是否真有过一幢小白楼，它的具体位置在哪儿，您知道吗？

1860年第二次鸦片战争后，天津被迫开埠，英、法、美等国率先在海河西岸开辟租界。其中美租界东起海河沿岸（今台儿庄路），西至海大道（今大沽路），北接英租界博目里道（今彰德道），南到开滦胡同（今开封道东段），这块占地131亩的弹丸之地，即为今天的小白楼地区。

关于小白楼地名的来历有两种说法。一是租界开辟不久，有几个留津的单身士兵，在英租界南部海大道与狄更生道（今徐州道）拐角处（今大沽路、徐州道口的西北角），盖起了一幢二层小楼的酒吧，取名"规矩堂"，作为他们的娱乐场所。因整个外墙均涂为白色，人们习惯称之为"小白楼"。小白楼非常醒目，慢慢地人们也就将这一地区称为"小白楼"了。二是清代洋务官僚、曾任招商局代总办的徐润，在海大道与克森士道（今卅封道）交叉口的北面左侧，曾建有一幢中国古老的楼台式两层小楼作为家庙，因楼体为白色，故名"小白楼"。后因徐家败落，小楼年久失修而倒塌。建筑物虽然没了，但却留下以它命名的"小白楼"地名。

1880年，为表示对中国的"友好和亲善"，美国主动提出将美租

地名文化

界"退让"给中国政府，但"归还通知"却声称美国随时有权收回经营权。这使得清政府不能正式接管，以致该地区长期处于无人管理状态。1902年，美国将租界特权私相授受，将美租界并入英租界。

当年，小白楼地区的居民和经营者多为外国人，美国人丁家立和英国人狄更生合资在此建立了第一家外国公司先农公司。1917年俄国十月革命后，大批白俄罗斯人逃至天津落户，一个名叫巴图也夫的白俄罗斯人在小白楼经营房地产而暴富，流亡白俄纷纷投奔。一时间小白楼竟成了流亡白俄罗斯人的乐园。所以，小白楼素有

建于1909年的平安影院（今音乐厅）

津门掌故

民国时期，起士林是天津人吃西餐的首选

"俄国城"之称。

从民国初年到抗战前，小白楼地区以娱乐场所而兴盛，有著名的起士林西餐厅、平安电影院（今音乐厅），酒吧、舞场更是比比皆是。1941年太平洋战争爆发后，日军封锁了小白楼，小白楼的繁荣一落千丈。日本投降后，美军涌入津城，酒吧、舞厅、暗娼再度兴旺，小白楼在旧天津的畸形繁荣达到鼎盛。

小关与小关大街

　　小关大街位于河北区南部，西北起自金钟路，中经锦衣卫大桥，东南至狮子林大街，路呈弓形。而这条街的得名又是源自明代在此设立的"小关"。

　　元朝初年，这里地处北运河与金钟河之间，三面环水，水运十分发达。元世祖在金钟河上设关，征收往来运盐船之盐税，称"硝关"。至于"硝关"如何变成了"小关"，至今有两种说法：一是说因"硝"与"小"同音，被人们讹称为"小关"。一是说明朝初年，天津建城，在北门外的南运河河岸设置了"钞关"，俗称"北大关"，因"硝关"与钞关相比而称为"小关"。后来，小关逐渐演变成了这一带的地名。

　　小关境内出现最早的村落名是锦衣卫村，因此地曾设锦衣卫桥而得名。据《明史》记载，明朝政权为了加强封建王权统治，建立了三个监视人民日常活动的专门机构：东厂、西厂和锦衣卫，这些机构遍布全国。天津的锦衣卫就设在小关境内。永乐十五年（1417），明政府在金钟河北岸建立了锦衣卫指挥使衙门，并在衙门附近的金钟河上游建造了一座木桥，名曰"锦衣卫桥"。由于百姓在此辛勤劳作，世代繁衍，加之不断有人迁居于此，明末清初，这里已形成了标准的北方乡镇，遂依桥名而称"锦衣卫村"。清乾隆四年（1739）

1930年第24期《天津特别市政府市政公报》中的小关大街

的《续天津县志》中曾有"郊原雨足麦油油，长夏江村只是秋。何处垂杨堪系马，锦衣桥畔酒家楼"的诗句，生动地描绘了当时锦衣卫桥村的自然风光和繁荣景象。

　　1730年天津设县，这里由武清县管改为天津县辖，但当时只有锦衣卫村和周乔庄两个村落。《续天津县志》中载："奏为水势要害之处，宜修堤防……天津受冲之区，要地有三：……一曰城东北之小关口……其小关口当北河之冲，北场坨盐尽堆于此，倘有冲决，商本尽倾。"可见，小关的历史颇为久远。

　　据说，小关的具体位置应该是在贾家大桥桥口，今天的金钟路即昔日的金钟河，系北运河之支流，两岸为农田、坟地，人烟稀少。至清朝末年，小关地区逐渐兴旺，村落成片，里巷交错，街道纵横。自贾家大桥至土地庙的一条街道就是后来的小关大街西北段，除建有三元庵、玉皇庙、元通观、土地庙等庙宇外，街道两旁店铺林立。1952年与土地庙街、吹风口街、韦驮庙街、关帝庙街等地，统称小关街。1953年底填平金钟河，修建下水道，改善了小关地区的居住环境，小关街改称小关大街。

掩骨会的由来

200多年前，天津有个叫"掩骸会"的慈善组织，原址在南开区南大道西头南侧，民国时期此会即已消失，但因其得名的掩骨会胡同、掩骨会东胡同等地名却沿用至今。那么，掩骸会究竟是一个什么样的慈善组织？它为什么又改称掩骨会了呢？

明朝末年，南大道城外西南一带是一片开洼野地，一些游民、流浪汉、乞丐和部分贫苦百姓家死了人无钱葬埋，便将亡人用一块破苇席裹捆了随意地草葬在这里。时间一长这里尸横遍野，人们称之为"乱葬岗"，俗称"乱死岗子"。清康熙元年（1662），有一个姓靳的大户在此创立了育黎堂，专门收养无依无靠的鳏寡老人和病残不能自理的人。但它只收养活人，人死了也照旧弃尸荒野，后来虽然改用棺木埋葬，但也只是一副薄皮材，俗称"狗碰头"，而且因埋得不深，每遇雨季，几场大雨后，棺木就会暴露出来，引来野狗扒棺撞材，咬食尸体。日积月累，百余年后，这里便是一派枯骨遍地、肃杀凄凉的景象。

清乾隆三十六年（1771），有一个叫华龙藻的士绅在西关街创设了一个慈善机构，开始"捡取暴露骨骸，以土掩埋"，故名"掩骸会"。《天津府志》记载："津门士绅华龙藻，睹此不忍，遂联合志同者，上书该管衙署获准，并拨官地200余亩，以掩露骸。设会于西关大街，初名掩骼会，后习称掩骨会。"

清嘉庆年间，华北水灾成患，各地难民纷纷迁至津城，因灾后发生瘟疫，患病者无医救治，死者众多，无人收殓的尸首，皆由掩骨会负责掩埋。清道光二十四年（1844）起，津城有60余名士绅联合发起每日捐款4文钱的活动，用以资助掩骨会的善举。掩骨会的慈善活动一直延续到19世纪初，乱葬岗的新旧尸骨大多得到安葬。

1921年后，富贾阔商陆续在此建造简易平房，租给贫民居住，赤贫者自搭窝铺栖身，掩骨会一带逐渐形成居民区，修建了两条以掩骨会命名的街道，即今西营门大街东段南侧掩骨会东胡同和掩骨会胡同。

天津解放后，掩骨会一带发生了根本变化，修建了沥青混凝土路面，代替旧式窝铺的是一排排新房，还配套附设了影院、学校和掩骨会副食品商店等公共服务设施。

郑庄子与郑和尚

郑庄子位于河东区北柴场大街与富民路交会处以南，始建于明永乐元年（1403），早在1920年就已成为天津的重要工业基地之一。

相传1370年燕王扫北时，以为父王是因僧起家而得天下，遂效仿父王朱元璋的样子，随军带了许多和尚北上。途经郑庄子时，发现此地傍海（渤海）依河（海河），为难得的军事要地，遂有意屯兵于此。但因随行只有五百老弱残兵，无奈只得留下一支由郑姓和尚带领的"和尚部队"。没有战事时，他们可以寓兵于农，在此开荒种田；战争一起，便可随时应征从军。

随后，郑和尚带领这些人在此盖起了房屋，建起了村落，并在村中建了一座庙宇名曰"三官庙"，他自任住持，早晚焚香诵经，白日下地干活。他把村民分成两部分：一半是开荒种田的农户，一半是打鱼为生的渔民。不久，又有一些外地农民来此定居，随着人口的增多，村落渐成规模，人们便将郑和尚的姓定为村名，取名郑家庄。后来在人们口语中便成了郑庄子。

据史书记载，早在明永乐元年，郑庄子一带便出现了居民，因那里距海不远，故而多为以打鱼为生的渔民。村民在此繁衍生息，代代相传。到了清代中叶，郑庄子已经成为正式的古老的村落。而三官庙却因郑和尚的去世而无人修葺，渐渐荒废。清代诗人梅成栋路过此地，见到的只是一派荒凉破败，触景生情，写下了一首名为《立春日郑家庄途中极目》的小诗："卤岸春无信，寒林挂雪痕。极天唯有草，到海似无村。沙冻迷车迹，烟荒绝鸟翻。不知何代寺，废垒一钟存。"

1920年，上海资本家刘伯森和北洋军阀官僚资本家陈承修、王克敏等先后在郑庄子投资建起了裕大、宝成纱厂。1937年日军侵占天津后，又相继建立了双喜纱厂、兴源化学公司、中山制铁所等工厂。这几家工厂的产业工人多达4万余人，使郑庄子成为天津的一个重要工业基地。

如今，郑和尚和他的三官庙早已不存在了，但郑家庄、郑家胡同、郑庄子大街、郑庄子卫生院、郑庄子小学等名称，却见证着郑庄子的悠久历史。

纸醉金迷的侯家后

20世纪以前，天津商业最繁盛的地方是天津城北的北大关、针市街、估衣街和城东北的官银号等地。介于城北、城东之间的侯家后也因此得到发展，成为天津当年著名的娱乐地。那么侯家后是什么时候开始有人定居，它的地名又是怎么来的呢？

据清代史料《志余随笔》记载：清乾隆十七年（1752）的举人李怀芳曾在自家大门上贴过这样一副

19世纪末天津城里的繁华街市

对联："天津卫八十三龄铁汉子，侯家后五百余年旧人家"。由此我们可以推算出，他的祖先早在元朝中叶就已定居于此了，侯家后有人定居的时间比燕王扫北时还要早上几十年。

相传，早年在运河边住着一户侯姓人家，家里有一条大船，以跑海船为生。出海打来了海产品就在自家门前叫卖。天津人爱吃海鲜，因为他家海鲜新鲜，价钱又便宜，所以，远近的居民都来购买。侯家因此而发达，在运河边上盖起了一排大瓦房，甚是气派。侯家的发迹引来许多人的效仿，每当侯家的船出海时，后面总要跟着一溜儿船。对此，侯家并没有反对。时间一长，侯家自然也就成了这一带的领军人物。这些船只出海归来后，很整齐地排在侯家大瓦房的后面，等待着下一次出海，形成了当年运河边上的一道风景。随着出海船只的增多，许多人在此定居下来。因为侯家最早在此定居，大批的居民是后来才迁徙于此的，所以，人们就把这片居民区称为侯家后了。

早年的侯家后环境非常优越，北临沿河码头，南近估衣街，东靠大胡同，西依北大关，为繁华商业区所包围。因此，侯家后一时成为天津的餐饮、娱乐中心。当年著名的"八大成"饭庄多聚于此，享誉海内外的狗不理包子也是兴起于此。当年的三德轩、四合轩、天会轩、东来轩，即四大轩茶馆；德升园、协盛园、小袭胜轩等戏园也在其中。值得一提的是，天津早期的妓院便是发端于此。

1912年，袁世凯拒绝南下就任总统，制造北方不稳假象而策划了著名的"壬子兵变"。在这次浩劫中，侯家后被大火所烧，财物被洗劫一空。自此，侯家后元气大伤，一蹶不振，各商户、业主纷纷迁入邻近的日租界南市一带。1919年南运河裁弯取直后，东侧的鸟市异军突起，逐渐取代了侯家后。风光一时的侯家后遂成历史。

竹竿巷忆盛

在北门外，有一条长360米、两头窄、中间宽、东西向的小道，名曰"竹竿巷"。在现代人眼里，它不过是一条很普通的小胡同，但您可能不知道，在20世纪20年代，它可是一条商贾云集、店铺林立、盛极一时的著名天津商业街，到天津卫一打听竹竿巷，没有不知道的。

竹竿巷东起北门外大街，西至茶店口，路面用大块条石铺设，两端宽度仅3米左右，中间宽处也不过5米。但它东临北门外北大关，东口与估衣街西口相对，直通锅店街、归贾胡同、侯家后、单街子一带商业繁华区，可与毛贾伙巷，宫南、宫北大街相通；北靠南运河南岸；南邻针市街、北马路北门西；西口与茶店

以天后宫为中心的官南、宫北大街两侧店铺林立，熙熙攘攘

北门外、北大关一带是天津早期的商业中心

口、曲店街、缸店街相接。交通便利，四通八达。这独特的地理位置为其商业的繁华提供了必要的自然条件。

关于竹竿巷的来历有两种说法，一是说竹竿巷既不是大街，也不是小胡同，按照旧制360步为里，它是属于里中之道，故称竹竿巷，以示其细长狭窄之意。一是说1738年前后，在这条巷子里，有一家德记商号，是天津"八大家"之一卞家的买卖，早年经营南货，因专门运销大宗竹竿生意而发迹，故得名竹竿巷。

20世纪20年代是竹竿巷最为兴盛的时期，到这里交易的各地客帮络绎不绝。一些从事棉纱、杂货、药材、纸张、茶叶、麻袋生意的掮客，仨一群俩一伙地聚集在一起在袖口里互掐手指，讨价还价。当时天津各银行、银号、商号，通过华账房办理申汇事宜，几十万甚至上百万两的行平化宝银或银圆的汇款额，都要以竹竿巷附近的公记经纪人的开盘价、收盘价为依据。

竹竿巷中开设着一些具有代表性的天津商业巨户，有隆顺号、瑞兴盛、同益兴、庆生等24家大棉纱商；有洽源、晋丰、瑞生祥、德源等8家大银号；有德和永、万有等杂货贸易商；更是著名的正

进行巷战的日军便衣队

天津老城里的松竹斋南纸局和天顺成皮货店

兴德茶庄发祥地。竹竿巷虽小，却被誉为"天津近代商业的摇篮"，在经济上占有相当重要的位置，它对促进天津金融、贸易的繁荣，沟通南北物资交流，都曾发挥过不可替代的作用。

"九一八事变"后，时局动荡，战火连绵，特别是在日本特务土肥原贤二组织的便衣队暴乱中，竹竿巷的工商各业备受侵害，许多工商业者纷纷迁入租界。从此，竹竿巷这个繁盛一时的天津商业基地，随着商业中心的南移失去了早年的风貌。

民间传说

慈禧与北站

　　在老龙头火车站建成15年后即1903年，直隶总督袁世凯又下令在海河以北的大经路（今中山路）东北端建立了一座火车站，即今天的北站。那么，在火车运输不甚发达的年代，在短短的15年后，袁世凯何以要斥巨资在天津建造第二座火车站呢？

　　1901年，李鸿章死后不久，深得慈禧太后宠信的袁世凯就继任了直隶总督一职。但让他非常不爽的是，当他乘火车抵达天津，坐着八抬大轿前呼后拥地出老龙头火车站途经俄国租界时，竟被人拦住，勒令下轿接受检查。袁世凯气急败坏地问："何人如此大胆，敢拦我当朝一品的大轿？"当得知他们已进入俄国租界地，就相当于中

1903年1月，河北新车站建成启用，后改称北站，图为该站站台

北站站台

天津总站。摄于20世纪30年代

国人出国到了俄国，必须按照俄国的法律行事时，由于当时天津还在八国联军的统治下，袁世凯深知洋人坚船利炮的厉害，不得不屈尊下轿接受检查。检查完了，袁世凯上轿继续前行。但过了一会儿，又被人拦住，令他下轿检查。袁世凯从轿内探出头来刚要发作，却见轿外站着两个持枪荷弹的外国人，赶忙下轿低声询问随身大臣，方才不是检查过了吗？大臣告诉他，刚才是俄国租界，现在我们要进的是奥国租界。没办法，袁世凯只好二次接受检查。前后两次无端的检查，让袁世凯大为恼火。后来，当听说天津有九国租界后，他就很少再坐火车，再进租界地。

1903年，袁世凯接到上谕，说慈禧太后要乘火车来天津"阅兵"。听了这个消息，袁世凯一下子蒙了。他心想：我可以让外国人检查，要是让慈禧太后也下轿接受外国士兵的检查，我们中国人的脸可就丢尽了！

为了迎接慈禧太后的到来，为了加强自己在河北一带的政治地位和经济势力，也为了他往返保定、天津两地驻节时的便利，袁世凯遂令天津道在河北择地兴建车站。为区别于老龙头火车站，该站又被称为"新站"。新站建成后，成功接待的第一批旅客即为慈禧一行。

1913年，津浦铁路全线通车，新站即成为津浦、北宁两大铁路干线的汇集点，再加之北宁铁道的办事机构也设在这里，所以，后来人们也称北站为"总站"。最终，还是因为车站的地理位置原因而定名为"北站"。

乾隆赐名"兴隆街"

在海河以东、河北区的南部有一条街叫兴隆街，是天津最早的街道之一，它始建于何年，已无从考证，但早在清道光二十六年（1846）的《津门保甲图说》中就已有了明确记载，而关于这条街的得名还有一段传奇故事呢。

明初以后，随着市场经济的发展，天津作为商品交易场所的集市日渐增多。史载，明宣德至成化年间，天津城已有宝泉集、仁厚集、货泉集、富有集和大道集等五大集市，分布在城内各方。弘治六年（1493），因商业活动愈加频繁，天津城附近又添设通济集、丰乐集、永丰集、宫前集（分为宫南、宫北二集）和安西市等五集一市。通济集也叫东集，设在东门外，每月逢初二、十二、二十二行集。河东一带和海河西岸的居民大都去通济集赶集购物，而兴隆街则是赶集人的必经之路。时间一长，这条街也随之繁华起来。

尽管街市热闹，但这条街却一直没有正式的街名。直到清乾隆年间，有一次皇帝巡幸天津，内阁大学士刘墉随驾，乘御舟至三岔河口登岸，先到望海寺、崇禧观拈香，然后策骑周览各地。当见到这条街上店铺林立，商贾云集，熙熙攘攘，一派繁华景象时，乾隆便问此街何名。当刘墉得知此街并无街名后，并没有及时如实禀

修补兴隆街情景。选自《天津市政府公报》1931年第33期

再修兴隆街工程。选自《天津市政府公报》1933年第58期

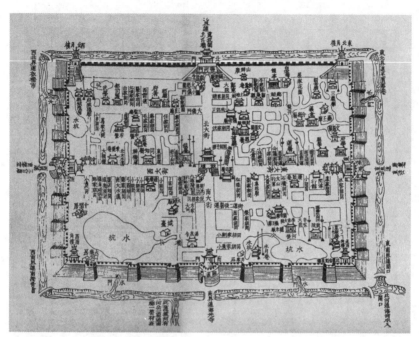

1846年《津门保甲图说》——县城内图

报，而是沉吟片刻，随即奏曰："圣上，当今天下太平，如此盛世，海宇之内随处可见。今窥此街之盛况，一派国泰民安景象，依臣之见，此街当名'兴隆街'。"乾隆爷闻之大悦，遂降旨赐名"兴隆街"。

数百年间，兴隆街热闹景象不减，且慢慢取代了通济集的地位。1900年八国联军侵占天津，翌年该街被划入意、奥租界之中。以今货场大街为界，其东段属意大利租界，西段属奥匈帝国租界。意将其改称"富梅道"。奥将大马路（今建国道）南侧的斜坡和水坑填平，修通了有轨电车道，开辟了平安街、寿安街、庆安街及今民主道、进步道、自由道西段的道路，使得与东浮桥相连的这条大马路成为一条新的商业街。对于兴隆街，奥将街南的地段按市价卖给华人建起了一些不高的楼房，又在该街西头与大马路之间建起一座罩棚式庞大建筑，这就是天津人所称的"奥国菜市"。第一次世界大战奥国、德国成为战败国后，奥租界遂于1917年被中国收回，奥国菜市也变为一个以售卖竹制赌具为主的杂货市场。

1937年7月天津沦陷后，兴隆街也被改称"金汤四道"。1945年8月日本投降后，国民党政府又恢复兴隆街的旧称，一直沿用至今。

挂甲寺的传说

　　春节拜访友人，乘车路过挂甲寺庙，远远望见修葺一新、壮观宏伟的寺庙山门和络绎不绝的香客，不由得想起了关于挂甲寺的传说。

　　相传隋炀帝开凿运河后，沿海河顺流而下，忽见一片花红柳绿的村庄，黄昏的落日下，可数的几户人家正在忙着做饭，炊烟袅袅，一派太平盛世的情景，就像是陶渊明笔下的世外桃源。隋炀帝大喜，遂命人在此建造了一座太平古刹，赐名"庆国寺"。

　　时至唐太宗李世民第二次征辽得胜还朝，大将尉迟敬德率队由营口乘木筏到了海河，溯流而上，来到庆国寺。时值三伏天，士兵个个大汗淋漓。尉迟敬德便脱下盔甲挂在寺庙的一棵古树杈上休息。等行军走时竟将盔甲遗忘在寺庙。数日后发现返回寺庙时，但见盔甲仍完好地挂在那里！一问才知道，连日来，寺庙僧人一直轮流日夜看护着它。尉迟敬德大为感动，捐赠了一大笔香火钱。从此，寺庙便被人们称为挂甲寺了。1600年的《重建挂甲寺碑记》是这样记载的："大直沽迤南三里许，有古刹曰谓庆国寺，后名挂甲寺。其由来远矣，图已无考。得于父老传闻云：当大唐征辽奏捷，驻师此寺，因更名焉。"

　　挂甲寺村原在海河东岸，名叫大孙庄。村子因有孙姓首户而得

津门掌故

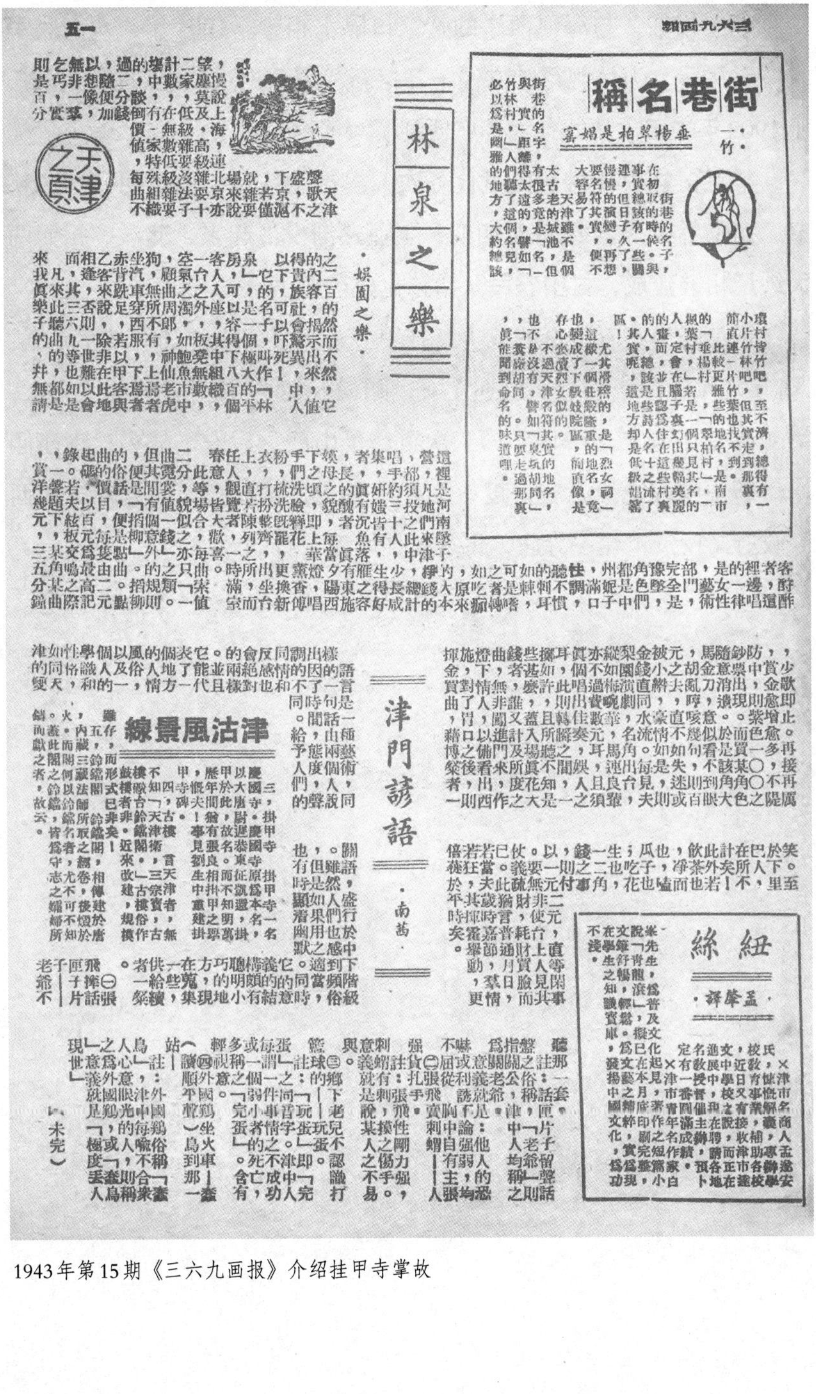
街巷名稱
林泉之樂
津沽風景線
津門諺語
紐絲

1943年第15期《三六九画报》介绍挂甲寺掌故

名，后因挂甲寺的名声日隆，便被挂甲寺村取代了。该村原与现在的小孙庄相临，与海河西岸的贺家口隔水相望。1901年，八国联军入侵天津后，为兵舰行驶方便，开挖新河道，把这段海河裁弯取直，于1902年竣工。从此，大孙庄便到了海河西岸。

早年，挂甲寺村居民世代务农，多居土坯房，街道胡同弯曲狭窄，商铺稀少。至20世纪初期，工业逐渐发展起来，北洋、裕元两大纱厂相继建成，村中农民开始转化成产业工人。

正是因为有着传奇的故事，挂甲寺香火多年兴旺，有文字记载："栋宇嵯峨，象设赫濯，遐迩士女，瞻谒云集。"该寺曾重建了三次，第二次是在清末，1944年第三次重修了山门。后毁于战火，寺庙倾圮。新中国成立后，曾一度改为挂甲寺文化站。直至前几年，河西区政府又投资重建了寺庙，再现了挂甲寺昔日的辉煌。

话说费宫人故里

　　鼓楼东的大费家胡同，北起东门内大街，中与二道街、香店胡同相交，南至旧县署后街。原来胡同口有个古朴典雅的牌坊，上书"明费宫人故里"，字体雄浑苍劲，为官府所赐，津门书法家华世奎所写。这里曾是民国年间天津一处非常著名的古迹。关于费宫人刺杀李自成手下将军的故事更是流传至今。

　　相传明朝年间，费家贫困，但费女贞娥，不但相貌出众，而且还绣得一手好活，她绣的丹凤朝阳鞋面、鸳鸯戏水花枕头、喜鹊登梅窗帘闻名大半个天津卫。后被皇宫的人相中，进宫做了长平公主的侍女。1644年，李自成攻克北京，崇祯皇帝自缢景山，近两百名宫人跳入御河自尽。年仅16岁的费贞娥为救公主，主仆二人互

清代鼓楼

费宫人剧照

费宫人唱词

程砚秋

（快板）圣主当赐勤国政。满朝文武半庸臣。禦贼妙计当早定。顾阁大略妨遵行。宫中宦寺多愚蠢。惟有公公爱国君。

（快板）大明失守京师震。姜壤唐通是叛臣。流寇纵横往前进。有谁擒乱作干城。焉能忍耻苟偷生。手刃贼魁偿国恨。

（快板）国若破家若亡生有何幸。女子们同具有敌忾之心。杀贼。到那时请看我见机而行。

（二黄）大明到今日气数已尽。先皇帝十七年枉自忧勤。毛羽健做谏官妄陈利病。遭荒旱陕西人又受瘟零。裁驿夫增添了无业流民。自古来民失业那里安静。遇荒年失业的待安静。

不想官放赈更更贪食万民。恨只恨忠良心不得愚弄。弄杀到神京。恨只恨九重帝子跳坑蹦。转面来再哭我皇。我哭皇嗓喉当今朝永。父皇哭父皇哭得我皇。王公公哭。王公恩铁中铮铮三百余人这一洗净。贼报国仇志气已。

（端正好）愠君雠。含国恨。切切的蕴骨雠。伲伲的含国恨。誓捐躯。要把那仇雠。

费宫人剧照

（沈元珍小姐摄）

手刃。因此上苟且偷生一息存。这就里谁知惯。

（滚绣球）俺臺上煌煌的凤独墩。金妆内袅袅的香烟喷。怎道一夜夫妻月夜恩。试间怎三生石上可有良缘分。他只待流苏帐燃洞房春。高堂月满巫山近。怎便逼上了兰桥绝层。

（叨叨令）银臺上煌煌的凤独墩。怀儿里冷冰冰七首寒光。目。细细银针噀就心。娄那漆庸谋杀人也趁哥。又道得杀人也应哥。赤紧的蕊。

（脱布衫）除下了铁兜鍪凤翅鳞。放下了宝龙泉偷看利刃。松解了狮蛮带玉扣双押。卸下了戎狄锦子龙鳞。

（小梁州）除下了翠翘宝髻耳瑶璟。脱下了凤袭氤氲。俺把那金莲兜紫凤鞋跟。防滑褪。

（幺篇）聪房帷寂悄无人。但听得成漏频频。我觑觑着他嘅嘘醉眼朦逗昏。休置肮。心

（快活三）铜刀上怨气冲。喇沙叫声。也学些才郎。

（快板）我是大明女忠臣。费贞娥本是我的名。杀身报国微忱尽。留此数行晓谕文。今日我把荆卿效。但望还阳第二人。归去泉臺目不见瞑。恨未杀得李自成。

含馀恨。银灯下览家闻。嗟怆天不佑。不能把巨寇刃。便死向泉臺几自。

此专集是上海信任塔最完美·大吉群记元印刷公司承印

1938年第11期《程砚秋专集》中的京剧《费宫人》唱词和剧照

换了装束。为了不被活捉受辱，贞娥纵身跃入井中求死，但偏巧是一口枯井。她被起义军用钩子钩了上来。众人见她貌美如花，竞相争夺。贞娥大声喝道："我乃长平公主，谁敢放肆！"众人遂将她送到李自成面前。后经人指认得知她不是长平公主，李自成遂将她赐给了手下一名绰号"一只虎"的罗姓将军。罗得到贞娥后欲行不轨，贞娥说："我愿与将军做永久夫妻，岂能只求一时苟合，将军需置酒宴迎娶才行。"罗欣然应允。贞娥不愿玷污自己的贞节和忠义，打定主意与之同归于尽。酒宴中，贞娥将罗灌醉。入洞房后，贞娥从怀中掏出事先准备好的剪刀直刺罗的咽喉。罗当即毙命。贞娥自语道："我一个弱女子，杀一贼帅足矣！"随后，自刎而死。李自成仅在京城做了18天皇帝，起义就以失败告终。后来，清朝皇帝为了宣扬贞节烈女费贞娥，在西门外修建了烈女祠和东门里的大费家胡同。

《明史》和《明史演义》均对这一事件有所记载，但费贞娥究竟是哪里人却只字未提。清嘉庆、道光年间有个叫华缄斋的文人，考证出费贞娥是大费家胡同费氏家族费敬之的族人。有人在胡同口立了一个名曰"费宫人故里"的木牌坊。从此，大费家胡同便成了"费宫人故里"。1921年，牌坊重修，华世奎题写了"明费宫人故里"。新中国成立后，此牌坊被拆除。

后来，由文人将这段故事改编成了戏曲，京剧大师梅兰芳的保留剧目《贞娥刺虎》便是取材于此。

归贾胡同传说

归贾胡同位于今红桥区东南部，北起南运河南路，南至估衣街，中与侯家后中街、侯家后前街、江叉胡同相交。至于地名的来历有两种传说，一说清道光年间，这一带商业繁荣，被商贾认为是理想的归宿之地，故而得名；而另一种传说就更加曲折离奇了。

清光绪年间，南河沿有一个以挑水为生的小伙子，上无片瓦，下无立锥之地，唯一的家财就是一副水筲和两挂链子。他是整天链子不离身，既当防身的武器，又是营生的工具。因他排行老三，故而街坊邻居都管他叫张三链子。张三链子虽然穷，但人品却不差，经常帮助邻里倒泔水，扫院子。为此，他落得个好人缘。这家给个菜团子，那家给碗棒子面粥，他也实受。有一个姓贾的年轻寡妇专为他做些针线活，缝缝补补的，虽有些闲话，但张三链子却没敢多想，因为自己不配呀！

一天，有个经商的街坊要出远门，拿着一串钥匙找到正在挑水的张三链子说："南边有些生意上的事要处理，我得走个一年半载的，我的宅院你就住着吧，连给看着家。"张三链子早就听说了这房子是座凶宅，半夜三更的常有人在里面争吵，没人敢住。但张三链子想：我光棍一条，我怕谁呀！于是，他就搬进来了。晚上一觉醒来，发现后院的灯亮着，有打算盘的声音。他起来循声来到后宅外，透过窗户，只见屋内两个老者正在算账，而八仙桌子上摆满了金条、元宝！他大着胆子推门进去。两位老者毕恭毕敬地说："您就是张三爷吧？我们给您看了多少年家，外欠的银两也都讨回来了，今天我们终于可以交差了。"把账本、清单和银库的位置逐一交代清楚后，一转眼二人就不见了。天亮后，张三链子按照晚上记忆的金库地点去刨，果然找到了码放整齐的金条、元宝！

半年后，商人回来了，张三链子把宅院买了过来，翻盖了房子，娶了贾姓寡妇。但寡妇却不能生养。于是，张三链子又娶了二房，生了一男一女。张三链子死后，他的族人找上门来要分财产，二房也要分家产，因之诉诸法律。贾姓寡妇在法院说："所有的财产你们都可拿走，我只要临估衣街的房产。"后来，这处房产果然归了贾姓寡妇。于是，人们便将临近这处房产的胡同称为"归贾胡同"。

金家窑传说

早年间，在民间流传着一段顺口溜，将天津的四个主要地名组合在了一起："芦子坑、老铁桥、大胡同子、金家窑。"如今，金家窑早已荡然无存，但由此而衍生的金家窑大街、金家窑清真寺等地名却依然存在。

关于金家窑来历的传说有两种：一是说金家窑是"金甲尧"的谐音，而金甲尧则是明初的一名武士，曾组织民间百姓习武，后在永乐年间得中武状元，他所住的地域遂名金家窑，为了纪念他，后人还特意在举重用的石锁上刻了"金甲"二字；二是说金家窑又叫"金鸡窑"，明初年，官府在这里筑窑烧砖时，挖出一只金鸡，众人皆喜，因之得名为金鸡窑，后人讹传为金家窑。

而据《天津县志》载，明永乐二年（1404），天津初建土城，至弘治六七年间（1493—1494），由驻津副使刘福改修砖城（包砌），当时有官窑15座，私窑4座。这4座私窑分别是李家窑、赵家窑、南头窑和金家窑，其中金家窑为金四爷所建，故名金家窑。后来，砖窑被拆除，金家窑则演变成这一带的地名了。由此可见，金家窑最早只是一个砖窑的名字。

据《天津卫志》记载，1490年时，金家窑、南头窑、赵家窑和李家窑的窑址分别在天津三卫的中所、左所、马家口和西门外，南

1937年第23卷第36期《天津商报画刊》对金家窑大街的记载

头窑是官窑，其余三座均为私窑。这三家私窑烧砖不是为修城所用，而是专门为百姓建房所用。

天津未建府县之前，金家窑属武清县所辖。清雍正八年（1730）筹建天津县后，金家窑连同其他140余个村庄才划归天津县。清咸丰八年（1858）第二次鸦片战争时，英法联军攻占了天津，占领了三岔河口一带的望海楼、药王庙、崇禧寺等地。金家窑村也惨遭蹂躏，民房被拆除，钱财被洗劫，百姓被驱逐，千余村民流离失所。有的投亲靠友，有的在金钟河附近搭起窝铺栖身，有的干脆就睡在路旁。有史料记载，五月初八日子时许，金家窑全体村民都逃出来时，愤怒的人们不愿意把自己的家园留给外夷，纷纷将自家的房屋亲手点燃，但被及时赶来的英法联军迅速扑灭，仅烧毁了三间草房。

清代初期，在金家窑附近修建了一条马路，名为金家窑大街。民国时期这条街十分热闹，自西向东，店堂林立，专卖中药的同利生，专售文具的敬文阁，以自制菜刀闻名的古源成老铁铺、张记牛羊肉店、李记干鲜货庄及福顺合面铺等等，分别坐落在街道两侧。

陈塘庄传说

陈塘庄位于今河西区东部，泛指大沽南路和洞庭路交会处及附近地区。据史书记载，明代天启年间这里已形成村落，不过当时的村名叫"陈堂庄"，又名"陈唐庄"，直到清代道光年间才开始称作"陈塘庄"。关于地名的来历有着许多的传说故事。

一说燕王扫北时，从山西洪洞县大槐树迁来的许多居民中，最先住在这里的是几户陈姓人家。他们定居后，组成了一个小村庄，后来明政府发给他们"龙票"，允许他们在此修塘耕种和繁衍后代。因此地的沽洼离海河较近，为防止海河泛滥，村民们修了塘坝，起名"塘"。"陈塘庄"随之产生。

一说这里是唐朝大将李靖镇守之关、哪吒闹海之地。这一传说的依据是《封神演义》中记述的托塔天王李靖镇守陈塘关，他的三子哪吒闹海的故事。

早在明代熹宗天启年间（1621—1627）的《天津卫屯垦条款》地图明确标注着"陈堂庄"的地名，位于"土城村南"。清乾隆年间的《天津府志》卷八中这里已改称"陈唐庄"。而道光年间的《津门保甲图说》中已经出现了"陈塘庄"的地名，并且载明位于"宣家楼东，村舍亦稠，其对岸曰汪家庄，稍东曰娄家庄。由陈塘庄东抵茶棚道间有涵洞以泄海潮，今淤"。清同治九年（1870）的《续县

清末陈塘庄分关

志》及后来的《津门精华实录》中均载明陈塘庄曾为海河上的一个重要渡口。而据天津市档案馆"天津航运公司档案"记载，20世纪30年代，世界船王董浩云在大沽至紫竹林码头做驳运生意时，他所代理的船只经常在陈塘庄码头停泊。

　　清代，这里的屯田时废时兴。自康熙年间蓝理开始，至雍正年间怡贤亲王几次治理水利，虽未做出很大成绩，但当地居民依然利用它的旧有基础进行耕作。直到咸丰年间僧格林沁在这里屯种，陈塘庄才有了显著变化。同治、光绪年间，淮军调来天津，他们除屯田外，还把陈塘庄一带的海大道（今大沽路）地段修通。于是便出现了常关陈塘庄分关，代收货税。故又有"陈塘关"之名。

　　尽管如此，在新中国成立前，陈塘庄仍属荒凉之地，这里的居民也大多是贫穷的农户，住的是简陋的土坯房，几条街道狭窄破败，卫生条件很差。直到新中国成立后，陈塘庄才发生了翻天覆地的变化。

赤龙河的传说

在今天南开区中部偏东、服装街东段南侧和南开三纬路附近有两条路，一名赤龙北里，一名赤龙南里。您知道"赤龙"指的是什么，这两个地名又是怎么来的吗？

1404年，天津城垣建成后，在四周挖了一条又宽又深的护城河。护城河水是活水，因为在东南城角有一个泄水口直通海河，海河又与渤海相连，所以，海水经常灌入护城河。

相传，有一年，海潮上涨，海水灌满了护城河，一条在东海作孽后逃到渤海湾的红色恶龙顺潮水窜入了护城河。潮水退后，这条龙逆流又窜到了与护城河相通的城南的一条河里。这条河是宣泄城厢积水用的一条污水河，它经护城河，北通南运河，南通墙子河、卫津河。定居后恶龙经常兴妖作怪，把河水弄成红色，使河水淤滞，污水四溢。一提起这条河和恶龙，人们不觉就产生恐惧感，将这条河称为"赤龙河"。

多少年过去了，虽然人们逢年过节的时候都要送些供品到河里，但恶龙仍在这里兴风作浪，祸害百姓。一天夜里，一个道士从这里路过，听说这条恶龙后，在河岸上画了几道符，燃着后扔进河里。霎时间，狂风大作，电闪雷鸣，但见一条青龙从天而降直入河心。一时间，一黑一红两条巨龙翻江倒海地战成一团。一个时辰过后，

1900年八国联军在天津

赤龙败下阵来，跃出水面向东海逃去，青龙紧随其后。从此，赤龙河平静了，再没出现污水四溢的现象。人们为了纪念道士和青龙，在海河边和赤龙河岸各修了一座龙王庙。

1900年八国联军入侵天津，城墙被拆除了，护城河也被填平了，赤龙河逐渐缩短。民国时期，赤龙河仅通到南开的菜桥子、洪源里一带。当时这里是个码头，由南郊运来的蔬菜、砖瓦和运出的生活垃圾都从这里出入。久而久之，这里河水遭到污染，灌满了鼓楼南、南市、南门外的脏水，每到夏日奇臭无比，雨季更是脏水四溢。日伪时期，又在这里修了一座节制闸，以防污水流入租界。最可怜的就是生活在这里的居民了！

天津解放后，人民政府在赤龙河周围设置了下水道和抽水站，1951年，将赤龙河填平垫成土道。此后，在这周围建房成巷，修建了公园、马路和运动场。1979年将土路改造成为沥青混凝土道路，1981年以赤龙河命名为赤龙北里、赤龙南里。

黑牛城的故事

黑牛城在今河西区西南部，泛指友谊路和紫金山路之间、黑牛城道两侧及附近地区。据说，早在明永乐年间就渐成村落，而黑牛城的地名还是燕王朱棣所赐。

1368年，朱元璋金陵（今南京）坐定天下。他不想让儿子朱棣继承皇位，在1370年封朱棣为燕王镇守北京。朱元璋死后，立他的孙子为建文帝。燕王不服，兴兵南下，与建文帝争夺天下。

1400年旧历九月，燕王率兵过通州，循河南下，昼夜兼行，兵马飞奔直沽而来。天色渐晚，兵马在李七庄一带安营扎寨。夜晚，朱棣亲自带领将士巡营查哨。行进之中，忽见前方猛然出现一个黑黑的庞然大物挡住了去路。朱棣借着朦胧的月光定睛观瞧。只见它头上两只高耸的犄角直刺云霄，两只巨型环眼放出烁烁怒光，一条扫帚大的尾巴轻轻一摆，天空中顿时飞沙走石。一旁的将士叫道："是一头神牛！"朱棣不禁倒吸了一口凉气，忙问："前方是何处所在？"探哨报道："前方村庄名叫鬼城，因周围都是乱坟岗子而得名，村中仅有十几户村民，都是靠替坟主迁坟谋生的。"朱棣听罢，不敢前行，忙带队回营。

回到大营后，朱棣回忆起自己多年来征战疆场，杀人无数，且大军所到之处，无不殃及无辜百姓。今天黑牛的出现莫不是对自己的一次警告？第二天天一亮，朱棣即传令三军改变行军路线，绕过鬼城，不得祸害百姓。为感谢他的不扰之恩，大军在村边行进时，全村百姓80余人跪倒路边连连叩头。朱棣大声宣布："本王为仁道明君，从不滥杀无辜，尔等尽可安心生活。唯鬼城村名不雅。昨夜黑牛有灵，就改叫黑牛城吧！"从此，黑牛城的名字就算是叫响了。

在清乾隆四年（1739）的《天津府志》中，从南路芦北口至静海界的100多个村庄中，第一次出现了黑牛城的地名。而据道光二十六年（1846）的《津门保甲图说》中记载："纪庄子之连村曰黑牛城，两村庐舍稠密，势亦相等……有绅衿1户，烟户47户，铺户2户，庸作4户，共54户。"由此可见，当年的黑牛城还只是一个小村庄。

"慢把津门古迹论，关西南望黑牛村。平明晓雾潭光观，远透晴岚城影存。渺渺女墙千树里，茫茫雉堞半云屯。豁眸一带形无尽，说是唐时陷海痕。"这首载于1843年孙庆兰所著的《归去来集》中的"黑牛城古迹"诗文，形象地描写了黑牛城当年的风貌。在今天黑牛城西的耘园里有一尊黑牛雕像，雕像后刻的就是这首诗。

邵公庄传说

邵公庄位于红桥区南部，泛指西青道与红旗路交叉口东南一带。相传为明朝邵姓太监受赏之地，原名邵公村。

明朝万历年间，有一个姓邵的太监非常有办法讨好神宗皇帝，并经常出主意搜刮民财，因而深得皇帝宠信，时常赏赐他一些钱财、物品。一次，因为他密奏有功，龙颜大悦，赐他在天津卫占地建庄园，占多少呢？皇上说，你一口气能跑多远，我就赏给你多少地。

第二天，邵太监带着一班随行官和家丁浩浩荡荡地出了京城来到天津，溜溜转悠了一天，最终相中了城厢西北方向的一块地。可这片地太大了，他掂量了一下自己的力量，就是一口气跑死自己也跑不了这么远呀！他心里反复揣摩着皇上的话：皇上让我建一座庄园，依我跑的远近距离哪能做得到呢？皇上只说一口气跑出去的距离，可没说要我亲自去跑，更没说不允许借助马匹跑。想到此，他有了主意。他令人找了一匹最好的枣红马，攀鞍踩镫上了马，扬鞭在马屁股上狠抽一鞭，红马四蹄蹬开，一骑扬尘，往前飞奔而去。就这样，他如愿以偿地得到了自己想要的那块地。紧接着，他大兴土木，耗费巨资，建起了一座大庄园。庄园以自己的姓氏取名"邵公村"。

邵太监在净身进宫前，读过几年诗书，对诗词歌赋也有一定的研究，算是一个附庸风雅的文化太监，尤其对"诗圣"杜甫非常崇拜。他还有个嗜好，对唐朝女人的乳名特别感兴趣。他听说杜甫母亲的乳名叫"海棠"，于是便在庄园四周围种了数百株的海棠树。每至秋季，海棠花开之时，整个庄园就被盛开的海棠花所掩映，远远望去，犹如一个海棠的世界，甚为壮观。十里八村的百姓纷纷到此一览海棠盛景。为此，清代诗人还留下过一首题为《邵公村看海棠》的诗文："邵公村里频相约，约我来看杜母花；何物轻盈堪比拟？一枝春雪蘸朝霞。"久而久之，邵公村便又多了一个雅称——海棠庄。据说，这座海棠庄一直到清末才逐渐衰败。

海棠庄败了，但这里的住户却在不断增加。随着岁月的流逝和村庄的不断扩大，人们渐渐淡忘了庄园的来历，在口口相传中，也把邵公村改成了邵公庄。

白庙村的故事

白庙村位于河北区西北部，北运河畔，东起南口路，西至北运河，南起榆关道，北至普济河道。这座始建于明万历二十年（1592）的津城名村，在400余年的悠久历史中留下了许多传奇故事。

明永乐年间，山西洪洞县的一些居民最先迁来白庙村，当时仅有吴、李、崔三姓人家。发展到明万历年间，这里已有100余户人家，但仍是一个无名的小村。一天，一个从河南洛阳云游至此的和尚看中了村东头的一块高地，兴修庙宇，普度众生。历时数年，于明万历二十年建起了一座占地20余亩的三重大殿，大雄宝殿内还修了一座驮着经卷的白马雕塑。人们遂将此庙称为白马庙，村名随庙称白马庙村。因天津方言有吞字的现象，略去了"马"字，于是就成了现在的白庙村。清代诗人查慎行的一首诗真实地记录了当年白庙村的景象："一院槎枒树，居僧守鹊巢。俗贫稀赛社，瓦缺只编茅。暗处虫丝接，尘边鼠迹交。渔人来寄网，时有一船捎。"

清康熙四十六年（1707），康熙微服南巡，回京时路过天津，正值白庙举行观音像的落成典礼。旧历五月十九日，应文渊法师的邀请，康熙驾临白庙开光。礼毕，摆驾前庭，华盖遮天。但见两棵相距近丈的百年老槐，在空中扭结合抱，盘旋而上。康熙不禁叹道："好一对龙凤槐啊！"此时，一阵清风掠过，悠扬动听的钟声萦绕耳

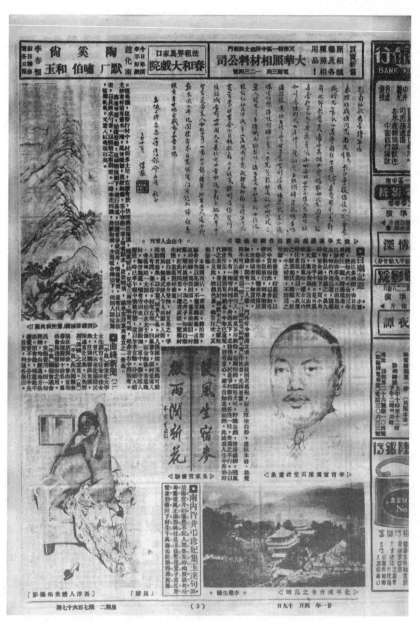

1932年第16卷第767期《北洋画报》中《白庙记游》一文

畔，余音袅袅，康熙顿觉心旷神怡，抬眼望去，又见碧空如洗，一缕白云悠然飘来。龙颜大悦，随口吟诵起李白的诗句："众鸟高飞尽，孤云独去闲。"吟罢，又令人取来笔墨，挥毫写下"孤云寺"三个大字。文渊忙叩头谢恩："谢皇上赐庙名！"

康熙走后，文渊找来名匠将"孤云寺"镌刻在了一块长一米三、宽二尺、厚二寸的汉白玉上，同时刻上了两条闹龙托着方印。皇上驾临白庙的消息传开后，引得方圆数十里的游客前来观看，白庙香火兴旺一时。

后因年久失修，庙宇塌损严重。1838年虽曾经修缮过一次，但命途多舛的白庙，1900年又被沙俄军队焚毁。辛亥革命后，白庙村成为天津达仁堂药厂的鹿圃和乌鸡场。20世纪30年代鹿圃废圮。1948年底，为抵抗解放军的进攻，国民党守军毁田、断路，修筑了82华里的城防壕，为了"坚壁清野"，更将白庙村再度放火焚毁。

1949年1月天津解放后，市政府立即着手重建白庙村，流离失所的白庙村民重回故土，获得新生。

天后宫里的娘娘

　　始建于元泰定三年（1326）的天后宫是天津市区现存最古老的砖木结构建筑群体。里面供奉的天后娘娘自古以来就被人们尊为神。然而，天后娘娘最初并不是神，历史上确有其人，只不过因受众人膜拜久远而神化为神了。

　　天后娘娘原名林默，本是福建莆田湄洲岛的一名普通渔家女。祖辈世代为官，曾神父林保吉，于后周世宗显德年间任统军兵马使，后因官场纷乱而弃官，隐居于湄洲湾贤良港。祖父林孚任福建总管，父亲林愿任都巡检，负责沿海治安巡逻。母亲王氏生有一男六女。排行最小的林默，生于宋太祖建隆元年（960）三月二十三日，史载：其"生而神异"，有"祥光异香"。因从出生到满月一直没有听到她的哭声而取名单字"默"。

　　林默自幼资慧颖悟，8岁读私塾，记忆超群，能过目成诵；10岁信佛诵经，悟性过人；13岁时，家中忽来一位老禅师，自称名叫玄通，从远路慕名而来，专为向林默传授禅机，授予"玄微秘法"；15岁时精通巫术，不但能为人祛灾治病，而且能预测气象变化，祷雨祈晴。长大成人后，完全没有女人的柔弱和娇气，多了几分男人的勇敢与豪爽。她水性极好，尤擅航海和泅水之术，"能乘席渡海，云游岛屿间"，经常在大海中救助遇难的船只。

清末天后宫前殿的山门

清末天津天后宫内的女神像

据《闽贤事略初稿》载：大海上有一个名为门夹乡的地方，怪石林立，暗礁杂生。一天，有一艘商船经过此地，突然狂风大作，失去控制的商船眼看就要沉没，船上的人急呼救命。时有几艘船只从此路过，都因"风涛震荡，不敢前"。就在这千钧一发之际，林默突然出现了，只见她独驾一舟，迎风破浪，直驶商船。商船上的人全都得救了。也就是从这件事起，林默立志终身不嫁，"专以行善济人为己任"。此后，被其在海难中救助的人不计其数。也正是由于她的乐行善事、扶危济险的侠义行动，人们渐渐地把她神化为"消灾灭疫、降妖伏魔、助战驱寇"的"神女""龙女"了。

雍熙四年（987），林默在一次海上救助中被特大台风夺去了年轻而宝贵的生命，年仅27岁。人们为了纪念她，在当地立祠祀奉。祈求她保佑大海风平浪静，航海的船只安全返航。后来，人们把林默当成了景仰膜拜的海上保护神。

如今，在我国沿海地区，在港、澳、台乃至东南亚一些国家都建有天后宫，供奉天后娘娘。

风貌建筑

水西庄史话

现在人们把青年路与黄河道交叉口处一带称作芥园。在200多年前是被誉为"天津园林之冠"的水西庄，全国文人雅士多会集于此，吟诗作赋，清乾隆皇帝更是四次驾临。

水西庄始建于1723年，为津门盐商查日乾、查为仁父子所建。位于天津城西北三里、南运河南岸。占地近160亩，凭水造景，巧夺天工，亭台楼阁，花木竹石，尽收其中。设揽翠轩、藕香榭、数帆台、枕溪廊、花影庵等景点。水西庄之所以享有盛誉，不仅是因其"景幽"，更由于其"人名"与"文盛"。水西庄建成后不仅聚集了津城的文人学士，而且北至京城、南至苏杭一带的诗词、书画大家也纷纷慕名而来。正所谓"名流宴咏，殆无虚日"。景以文传，墨客骚人的生花妙笔，更让水西庄闻名遐迩，以致乾隆南巡时曾先后四次驻跸水西庄。

随着乾隆的数次驾临，水西庄也几度整修和扩建。查为仁更在水西庄右侧再辟一园，名曰"介园"。据说，他取名的寓意是说查家甘做一介之士，终身不仕，借以宣泄对天津辛卯考案中查莲坡获刑8年的不满。不久，此事传到乾隆的耳朵，于是他再次驾临水西庄。时正值园中紫芥盛开，遂赐名"芥园"，并题御诗四首。查家一看，皇上明白了自己的用意并没有降罪，而只是婉转地改了园名，遂顺

1934年第12卷第37期《天津商报画刊》的"沽上名胜水西庄专页"

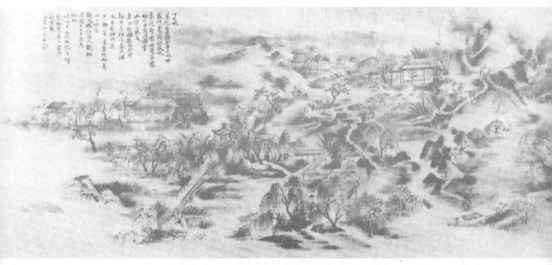

坐落在城西芥园的查家私人园林水西庄

水推舟，命人将御笔园名和诗句刻石立碑，光耀门庭。

　　由于乾隆的多次驾临，俨然成了行宫。查家怎敢与皇上同住，只得举家搬出水西庄。但在查莲坡兄弟相继去世后，皇帝就再也没有光临过。

　　清同治年间，随着查家没落，水西庄也因年久失修和遭受水灾而严重受损。1900年八国联军入侵，"人畜践踏，草木全枯"。1912年，这一带被辟为自来水厂，占去水西庄的大半土地。随后，聚丰酒厂、贫民小学、北洋火柴公司相继在此建立。从此，水西庄面目皆非。

　　如今，这座名噪一时、堪与曹雪芹笔下的大观园媲美的私家园林虽已荡然无存，但它仍是天津文化史上的一个传奇，是天津园林史上辉煌的一笔。我们从现存于天津博物馆的《秋庄夜雨读书图》《水西庄修禊图》，可领略到一些它当年的风采。

紫竹林究竟在哪里

查阅天津地方史籍，经常看到紫竹林租界、紫竹林教堂、紫竹林码头等一系列的地名，但紫竹林究竟在哪儿，建于何时，却是众说纷纭，有的说在今大光明桥附近，有的说在今大同道南侧，甚至有人说是刘庄浮桥一带。

1860年天津开埠后，紫竹林一带逐步形成新的繁华街市

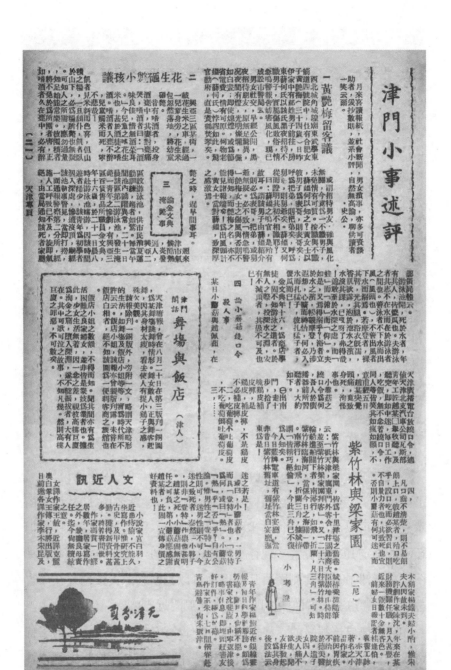

津門小事述評

黃艷梅留容議

一助一笑者

三 淹論金文典

四 論小醫蕗與口令

津門閒話 舞場與飯店 （津人）

文人近訊

紫竹林與梁家園（二氓）

1943 年第258期《立言画刊》对紫竹林与梁家园的考证

风貌建筑

教民们在紫竹林教堂

　　"紫竹林"一名最早出现在1846年刊刻的《津门保甲图说》中，书中记载："紫竹林，故禅林也。附近居人，遂以名村。"从该书的示意图中可以看出，紫竹林坐落在海河西岸，隔河遥对李公楼，但还不能确定其准确位置。现存于国家图书馆的《1888年天津紫竹林图》是天津最早的实测图，从该图中可以判断它的大致位置在今吉林路与承德道交叉口西侧，即今市文化局附近。

　　清代梅成栋编纂的《津门诗钞》中曾有专门吟咏紫竹林的三首诗，这三首诗不但记载了紫竹林始建的年代，而且还描写了紫竹林当年的繁盛景象。从诗人徐兰写于康熙二十八年（1689）的一诗中的"萍踪今初定，新修紫竹林"一句，可以判定紫竹林始建于

1689年。

紫竹林原是一座佛教寺庙的名称，正殿三间，两厢设配殿，庙内供奉着南海大士观音菩萨，因庭院内种植了几株竹子，故名紫竹林。一个叫天花的和尚在此修行，他在寺庙北面修建了一座花园，名曰"上园"。

紫竹林北临海河，南近海大道（今大沽路），地处水路要冲、通衢要道，故而成为天津近代史上兵家、商家的必争之地。1860年，英法联军攻占天津，紫竹林一带被划为法国租界地。此后，法租界靠近紫竹林一带的兵营、教堂、学校、车站、码头、菜市等多以紫竹林命名。如现在赤峰道5号的六幢红砖楼房是当年的紫竹林兵营，今营口道14号是当年的紫竹林教堂，今大同道西的海河沿岸是紫竹林码头。1900年，张德成、曹福田、林黑儿等率领三路义和团，浴血奋战，激战一个月，于6月20日勇夺租界，火烧洋楼。从此，紫竹林更是名声大振。1934年为争夺紫竹林码头中的九号码头，世界船王董浩云曾与英租界工部局展开了一场激烈的外交战。

1900年，八国联军入侵天津，紫竹林庙被毁。后在寺庙旧址建造起了法租界工部局。1945年9月，日军驻津部队的投降仪式就是在紫竹林广场举行的。新中国成立后，这座大楼改为天津市人民图书馆，今为市文化局所在地。

曹家花园春秋

位于河北区黄纬路西北端东北侧的中国人民解放军二五四医院，曾是天津历史上著名的私家园林之一。您知道它是谁投资兴建的，花园叫什么名字，有哪些名人曾在此居住过吗？

大总统曹锟

清光绪二十九年（1903），军火商、南京人孙仲英投资兴建了这座花园，取名孙家花园。该园占地200余亩，西起元纬路，东至宙纬路，南到五马路，北抵新开河堤坡。1922年贿选大总统成功的曹锟曾假该园做寿，孙仲英借机以重金转让给了曹锟，花园遂更名为曹家花园。

曹锟接手后，以其总统权势，大兴土木，增建池亭山石、廊庑岛榭，园林大为改观，成为一处豪华别墅。该园建筑面积达2.4万平方米，有

曹锟的曹家花园，已不存

楼房、平房近200间。全园由两个小院组成，而两个小院之间又有月门相通；湖泊水域约占全园的五分之一，游廊环湖而设，遍通全园；建有莲藕塘、湖心亭、观鱼台、假山、石狮等。花园采用中西合璧的建筑风格，既有中国古代建筑的飞檐、明柱、格窗、游廊的典雅风貌，又有跨梁、拱顶、长窗等西式建筑，尤其是公子楼、小姐楼最能体现欧洲西式爱奥尼柱式的建筑风格。该园以清末民初思想文化的设计风格而在民国建筑史上占有重要位置。

　　1924年第二次直奉战争中，曹锟倒台下野，该园遂成为军阀混战中胜利者的驻跸行辕，李景林、褚玉璞、张作霖等都曾在此居住。同年12月4日，孙中山先生来津。当天扶病到此拜会张作霖。次日，张作霖到张园回拜孙中山。这便是民国史上著名的"孙张会谈"了。18日，中国共产党天津组织在这里召开了几万人的欢迎孙中山先生大会。

1935年，曹锟以10万元之价将花园卖给了天津市政府，政府对公园进行了修缮和重建。重建后的公园，改称天津第一公园，增设剧院、游艇等。尤其园内的六国饭店（国民饭店的分店）更是闻名一时，饭店不但有中西大菜，而且还为游人提供了冷餐小酌。当年秋季正式对外开放，游人如织，驰名津城。

　　1937年日本侵占天津后，公园改为陆军医院，并将附近的恒源纱厂工人宿舍、北方客栈、同益汽车行等圈入，沿马路砌墙，将黄纬路拦腰截断。从此，该园成为禁地。1945年8月抗战胜利，国民党政府接收后仍为陆军医院。1949年天津解放后，改为中国人民解放军二五四医院。

萧振瀛改建第一公园

萧振瀛虽然出任天津市长不足一年，但他在市政建设方面却做了不少事情，据1936年6月29日《世界晨报》、同年8月15日《晶报》记载，他在离任前还做了两件与民同乐的事情。

一是创建了天津的第一个赛车场。据说，建此赛车场是为抵制意租界回力球场。萧振瀛曾称，本来一样是赌，叫外国人抽了头，何如叫中国人自己抽一抽头。赛车场地点就在东局忆华商赛马场。为了表明与回力球场的竞争，赛车场每晚开赛的时间完全与回力球场相同。赛车在天津属新生事物，自然深受欢迎。该场开办后生意兴隆，场面火爆。

二是改建天津第一公园。1936年，民国前总统曹锟将曹家花园售与宋哲元主持的冀察政务委员会，几近荒废。将大沽炮台改建渤海公园计划流产后，萧振瀛遂着手改曹家花园为天津第一公园。1936年6月26日，萧振瀛离任前三日，第一公园举行开幕典礼。该园本着萧振瀛与民同乐的理念，门票价格低廉，各项设施大众化，因此，虽不及北宁公园规模宏大，却更亲民，更吸引人。园中除有亭台楼阁、花草石木外，另设杂耍场、儿童娱乐园、第二图书馆等，尤以游艇独具特色。该园游艇共有21只，每只均以我国一个省会名称命名。但人们发现，唯独少了已被日本侵占的黑龙江、吉林、辽宁和热河四省。据说，这里有一层较深的含义，意在提醒游人，即使是在娱乐的时候，也不要忘记我们失掉此四省的国耻。

同年8月12日下午3时，天津第一公园新建的游泳池举行落成典礼，免费向公众开放一日，并特约天津市土耳其男女游泳队做各种最新式游泳表演，以飨游客。游泳票价分为四种：季票6元、月票3元、周票1元、临时票3角。为维持公共秩序和社会风化，市政府下令该园采取男女分泳制。

1936年乙种123《家庭周刊》中的天津第一公园

大罗天兴衰

早年间，天津有个著名的游艺场叫"大罗天"，京剧四大名旦曾在此献艺，大画家张大千曾在此作画，末代皇帝溥仪曾在此出售过故宫的文物，大收藏家罗振玉、徐世章更是这里的常客。

大罗天是一座花园式综合游艺场，位于今天鞍山道与山西路交叉口西南侧，为1916年广东籍商人何伯英投资兴建。1917年卖给了清朝末年天津海关道道台蔡绍基，委托崔星五经营。

大罗天总体设计精美典雅，假山、水池、亭台、楼阁，相映成趣；戏台、露天电影、台球馆，好不热闹。步入大门，迎面是一座影壁，上有陶制的"刘海戏金蟾"像；影壁后面是花园，设"天女散花"台；园内有假山，山上有凉亭，名曰"睫巢"；山后的"栖佛阁"内陈设着陶瓷制作的"八仙"，极为精细，是何伯英专门从广东佛山县石湾窑定烧的。园内另有两处戏院：一处上演京剧，一处演出文明戏、曲艺。戏台虽不大，但名气却不小，梅兰芳、杨小楼、程砚秋、尚小云、马连良等都曾在此登台献艺。为了吸引游人，游艺场在放映露天电影后，还常常加放焰火，热闹非凡，盛极一时。夏令之夜，更是"通宵达旦，车马震道"。

20世纪20年代中期大罗天达到鼎盛。在津的朝野名流、军政要员、豪绅巨贾无不以来此消遣为乐，当时天津上层社会中曾流传"进了大罗天，死了也心甘"的说法。1925年，游艺场内又增设了一个古玩市场，生意异常火爆。据说，蛰居天津的逊帝溥仪多次来此观光，并将数件从故宫带出来的国宝在此出手，引来全国无数古玩商来此淘宝。京津两地古玩字画大商户蜂拥而至，先后有珍昌泰、仲盛会、稽古轩、集粹山房等古玩店在此落户。他们将原来的剧场分隔成若干个小房间营业，其中有大珠宝店4家，大字画店4家，瓷器店4家，计12户，加上中小店铺，最多时有33家。为大罗天增添了生机。

但大罗天锣鼓乐器的喧嚣，让周围的居民整夜无法安睡，他们多次找到有关部门请求限制其活动。日本工部局遂勒令，大罗天的所有活动必须在午夜12点之前结束。从此，大罗天营业开始萧条，1927年夏季，游艺场被迫停办，仅靠古玩市场勉强维持。

20世纪30年代初大罗天开始衰落，特别是1935年日本关东军占领了大罗天对过的张园，古董商和游人更是望而生畏，各商家陆续迁出，繁盛一时的大罗天只剩下了一片瓦砾。1942年天津沦陷期间，日本人只象征性地给了园主一点儿钱就将大罗天接管并转给军需部门，准备在此建立军需仓库，还未及建成即因日军战败投降而告吹。新中国成立后，天津市人民政府在此建起了天津日报社大楼和第五十八中学。

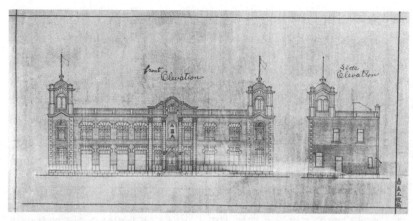

大罗天的设计蓝图

戈登与戈登堂

老天津人都知道，今天的天津市政府大楼所在地曾为旧英租界的戈登堂。那么，您知道它为什么叫戈登堂，戈登又是何许人也？

戈登，1833年生于英国，1860年，参加英法联军，参与侵华战争。英法联军攻陷北京后，他参与指挥烧毁了世界著名皇家园林圆明园。天津开辟英租界时，他执行划定了租界的四界，并且初步设计了英租界内的道路、街区、河坝以及地区分段分号转租计划，制定租界详图，奠定了英租界后来发展的基础。1885年1月，被起义军刺死于苏丹首都喀什穆。

1887年英国女王维多利亚即位50周年，天津英租界当局修建了维多利亚公园。为了纪念戈登在开辟英租界的"突出贡献和卓越功绩"，在英工部局董事长德璀琳的倡议下，英租界当局投资3.2万两白银，于1889年在维多利亚公园内开始兴建作为英工部局的戈登堂（今市政府所在地）。由设计师昌布尔完成最初的建筑设计，后经英工部局第一任秘书长斯密思和在青年时做过石匠而通晓建筑知识的德国面包师弗朗才本赫数次修订。戈登堂为欧洲古典风格的城堡式建筑，据称，是当时中国通商口岸第一座租界市政大厦。

1890年5月，戈登堂落成时，驻津英国领事举行了盛大的命名典礼，英租界当局、英领事、英商代表及各国驻津领事等200余人

建于1890年的维多利亚公园和戈登堂

1937年5月12日，装扎灯彩的戈登堂

前来祝贺。仪式由德璀琳主持，北洋大臣兼直隶总督李鸿章到会并致贺词，大厅里悬挂的十分抢眼的巨幅戈登相片也是李鸿章出资请人制作后赠送给英工部局的。仪式上，李鸿章将象征着城市大门的两把扎着灰色、红色缎带的钥匙交给了德璀琳。其后，李鸿章的70岁寿辰就是在这里举行的，为此，他还出资在戈登堂建了一个舞台，当天，演出了精彩的戏曲和杂耍，那天，李鸿章异常兴奋，他称，在典型西方建筑里举办中国传统祝寿会，我这还是第一次。祝寿会结束后，李鸿章慷慨地将许多各地官员、绅商送给他的上等地毯、帷幕和刺绣工艺品等寿礼赠给了工部局。

1941年太平洋战争爆发后，戈登堂被日军接管，抗战胜利后，国民党天津政府设于此，1949年天津解放后，戈登堂为军管会接管，成为天津市人民政府的办公楼，1976年地震中受损后被拆除，建成了今天的天津市政府大楼。

如今，记载外侮侵略的戈登堂的历史印迹虽已荡然无存，但这段充满血和泪的屈辱的历史，我们却永远不能忘记。

古文化街忆旧

　　位于南开区东北部的古文化街，西北起自老铁桥大街，中与福神街、章家胡同、袜子胡同相交，南至水阁大街。它形成于1530年前后，因在天后宫的南北两侧，故旧称宫南、宫北大街。

　　宫南、宫北大街的形成得之于天后宫这座津城古庙。元朝把当时的天津改为海津镇后，漕运更加发达，南来北往的船工们聚居在三岔河口附近。许多人长期过着海上生活，因此对海上航行的安全

20世纪30年代的天津三岔河口

旧城区以鼓楼为中心的十字路，是天津早期的商业街

十分担心，经常焚香祈求海神娘娘的保佑，但仍不断出现漕船倾覆事故。为此，1326年，在海船、河船交运点"三汊沽"建起了天后宫。

早期，居住在天后宫附近的多为渔民和船工。1530年前后，各种商贩也渐渐地集中到这里，建房设店，形成一定规模的街道，人们以天后宫的方位称之为宫南大街、宫北大街。1846年的《津门保甲图说》中已经出现了宫北的地名。

宫南、宫北大街是天津最早的商业街。明末清初，随着漕运的不断发展和天后宫香火的旺盛，宫南、宫北大街日趋繁荣，民众聚居，商贾云集，南北客商多在此买卖交易。初时，这条街尤以盐业、当业、海运业为盛，后来逐渐出现其他行业。天津特色的鞋帽业有日升斋鞋店、联升斋帽店；饮食业有义承裕海货店、东六居酱园、石头门坎素包和素帽儿；日用杂货业有秀升号铁锅店、永三元蜡烛铺、玉丰泰绢花店；文教用品有萃文魁；玩具业有修竹斋的刘海风葫芦；还有兑换银钱的银号、钱庄和经营汇兑业务的票庄。天津八大家的"长源杨家""天成号韩家"及其他一些大户人家都曾在此居住。

每逢旧历初一、十五，天后宫都要举办庙会，三月二十三"天后圣母"诞辰日，在此前后更要举行盛大的"皇会"。到了腊月，这里便成了年货市场，远近的天津人都要来此逛街、买年货。小贩们在墙上贴着"年年在此"的小红纸条，吆喝叫卖，一直到正月元宵节过后。1900年八国联军入侵天津，特别是1912年袁世凯策划的壬子兵变，许多商户被洗劫一空，加之后来的军阀混战，市面大乱。商家为保其不受掠夺，资金雄厚者多迁往日、法租界以为庇护，本薄的只得停业。

1985年修建古文化街，将两侧原建筑改建成为古式门面商店，修复古建筑天后宫。1986年1月定为步行街。1989年改称古文化街。作为津门十景之一的"故里寻踪"，如今已成为来津的国内外人士旅游观光、购物休闲的好去处。

南市与"三不管"

在旧中国，与北京的天桥、南京的夫子庙齐名的当属天津的"三不管"了，是旧艺人卖艺糊口的场所、混混儿横行的乐园、社会民风突出表现的地方。

南市垂杨村一带的下等妓院区

20世纪初的"三不管"

　　提到"三不管"，首先要说南市。南市泛指旧天津城南一带，北起南马路，南至多伦道，西起南门外大街，东至和平路。20世纪前，这里是一片芦苇丛生的荒凉地，官称卫南洼，俗称芦子坑。1860年后，开始有人填坑平地，住上了人家，改称芦庄子。1900年后，在此逐渐形成了露天游艺场所，首推金、批、彩、挂四大生意，即相面、说书、戏法、打把式的。此外，还有摆茶摊的、拉洋片的、卖大力丸的、卖风味小吃的等等。因在城厢以南，故称南关市场，简称南市。这里北连城厢、南邻日租界，地位扼要，商贾多聚于此，商店、饭店、旅馆、澡塘、影院、戏院、茶园、书场、赌场、妓院等场所相继出现。

　　"三不管"名称的来历有两种说法。一是说：南市位于华界、日租界、法租界之间，这里一旦发生案件，清政府害怕洋人不敢管，邻近的日租界警察不愿管，驻防西门的法国巡捕不想管。二是说：坑蒙拐骗没人管，逼良为娼没人管，杀人害命没人管。

旧南市曾培养出许多著名的艺人，说书的有陈士和、金杰丽等；西河大鼓有马连登、马增芬、左田凤等；说相声的有万人迷、张寿臣、常连安、小蘑菇、马三立等。他们不仅在此撂地卖艺谋生，而且还深得观众的喜爱。新中国成立后，很多从南市走出来的艺人都成了中国曲艺界的艺术大师。

"三不管"也是混混儿横行的地方，袁文会、翟春和、王凤池等一大批天津混混儿就是靠平地抠饼、抄手拿佣，收取各种名目的保护费而生存的，他们聚众斗殴、寻衅滋事、欺男霸女，无恶不作。当年曾有一段顺口溜："三不管，望一望，除了吃，全是当。"极为形象地描述了南市。

随着南市的日趋繁荣，末代皇帝溥仪的岳父荣源、江西督军李纯以及9家房产公司，纷纷在南市抢地建房，致使南市地价暴涨。20世纪20年代前后，这块面积约4平方里的梯形地段，先后建成广兴、平安、荣吉、建物等25条长度不等的街道。到30年代，这里除了鸟市一带，其他地方已不再有成片的空地了。

旧南市街景

消失的张园

今鞍山道59号是天津史上著名的张园旧址。它因1924年孙中山先生北上过津时曾在此下榻，1925年逊帝溥仪被逐出紫禁城后蛰居于此而被载入史册。

张园园主张彪，山西榆次人，早年曾任湖广总督张之洞的侍卫，后娶张之洞的侍女为妻，有"丫姑老爷"之称。经张之洞一手提拔，张彪步步高升，最后官至第八镇统制，驻守武昌。辛亥革命首义就发生在他属下的工程第八营。革命士兵起义后，一呼百应，来势迅猛，张彪只得弃城而逃。他先是退守汉口刘家庙，继而登上日本军舰远遁长崎，侨居海外一年后重返国内。时清政府已是穷途末路，无官可做的他遂来到天津日租界做起了寓公。1915年，他用投资实业赚来的钱在宫岛街（今鞍山道）购地建房，盖起了一幢西洋古典风格的三层小楼，辟为游艺场所，出租牟利。小楼虽名为"露香园"，但人们还是习惯称之为"张园"。

1924年，冯玉祥发动"北京政

张园的主人张彪

津门掌故

变"，电邀孙中山北上，共商国是。12月4日，孙中山偕夫人宋庆龄离开广东，取道神户搭乘日轮辗转来到天津，受到各界人士的热烈欢迎。在段祺瑞等人的安排下，下榻在张园小住。当天下午，孙中山带领汪精卫、孙科、黄昌谷、李烈钧等十多位随从，赴曹家花园拜访了张作霖。两人倾谈了一个多小时后返回张园。由于劳累过度，孙中山肝病发作。翌日，便卧床不起，在此滞留了21天，直至12月31日，才动身赴京。

旧时的张园

1925年2月，被逐出宫的清朝末代皇帝溥仪化装从北京逃到了天津，入住张园。稍后，皇后婉容和淑妃文绣也赶到这里。开始了他们长达7年的天津生活。溥仪复辟野心不死，多次会见遗老，商议"恢复大清"，张园俨然成了他的"小朝廷"。而轰动一时的"淑妃文绣出走事件"暨末代皇妃离婚案就是在这期间发生的。

1928年，张彪病故后，他的后人不断向溥仪索要房租，"龙心"不悦，遂于1929年7月移居不远处的静园。溥仪搬出不久，张彪的后人便将房子卖给了日本驻屯军。不知出于何种考虑，日方接手后，便将小楼拆除，在原地建起了今天大家所见到的二层小楼。张园就这样消失了。

静园与末代皇帝溥仪

位于和平区鞍山道70号的静园，因末代皇帝溥仪而闻名津城，2005年，市风貌办本着修旧如旧的原则进行了全面修缮整理，2007年7月正式对外开放。

静园，原名乾园，始建于1921年，为曾任北洋政府财政部次长、民国政府参议院议员、驻日公使的陆宗舆投资兴建。该园占地3360平方米，建筑面积2062平方米，前后有两幢砖木结构二层西式小楼及书房、库房等，内部装修为日式，房间里是隔扇门。园内曲径长廊，怪石清泉，设有地灯。周围庄墙环绕，装饰

移居静园后的溥仪与溥杰

溥仪夫妇与威灵顿夫妇及庄士敦（溥仪身后）在津的合影

讲究，显示出一个"静"字。1929年7月，清逊帝溥仪偕婉容、文绣由张园迁居于此，取"静观变化、静待时机"之意，更名静园。溥仪在静园期间，仍用宣统年号，秘发谕旨，召见心腹。

1931年11月初，日本特务头子土肥原贤二从奉天秘密来津，匿居日租界，策划"天津事变"。到津后，他立即暗访了溥仪，言明此行的目的就是将溥仪秘密带往东北建立伪满洲国。

但在利用溥仪的问题上，日本军政两方面的意见并不统一，就是军方内部也存在分歧，日本外务省担心世界舆论的指责。为此，在土肥原之后，日本驻津总领事桑岛紧跟着也到了静园，劝告溥仪不要贸然离开天津，并表示会对他的安全负责。溥仪一时举棋不定。6日上午，一个饭店茶房手持东北保安总司令部顾问越欣伯的名片，来静园送了一筐鲜货。待来人走后，有人打开礼品一看，在水果下面竟发现了两枚炸弹！此后，溥仪又接连收到数封恐吓信，信中称：

"如果你不离开天津，当心你的脑袋！"于是，溥仪下定决心离开天津。

11月8日晚10时30分，海光寺日本军营警钟一响，约2000人组成的便衣队突然从日租界出动，向华界发起猛烈进攻，一时枪炮声四起，喊杀声震天，"便衣队暴乱"由此打响。事变后的天津市面一片萧条，日租界全面戒严，就连平日繁华的旭街（今和平路）也是行人绝迹，为溥仪出逃制造了良机。10日傍晚，溥仪乔装改扮混出静园，在日本驻屯军司令部通译官吉田忠太郎的一路"护送"下，先后乘坐"比治山丸"号汽船和"淡路丸"号商船从塘沽出逃至大连，进入东北。

文庙今昔

　　文庙位于南开区东北部，东门内大街东段北侧。占地1200平方米，距今已有500多年的历史了，是天津保存最完整的古建筑群。

　　庙址原为明代天津左卫指挥朱胜的宅第。明朝大兴儒学，各地纷纷建立文庙，朱胜遂献出房产建庙兴学祭孔。《天津卫志》记载："在东门内，明正统元年（1436），天津卫指挥朱胜……遂将住居一新，施为学宫。"当时称为孔庙、文庙和卫学，设左右两个"泮宫儒

文庙牌坊

风
貌
建
筑

文庙内景

林"牌坊。明万历十四年（1586），"泮宫儒林"重修后，改设"敷
教兴贤"牌坊。清雍正九年（1731）天津改州设府，将卫学改为府
学。因同置县治，故于十二年（1734）在府庙以西又建一县庙，规
模略小于府庙，仅顶为灰瓦与府庙琉璃瓦顶有别，至今天津府、县
文庙并存。文庙历经明代天顺、万历，至清代康熙、乾隆年间多次
重建、扩建。

　　1927年2月，教育家严范孙、华世奎、林墨青等在庙内共同发
起创办了"崇化学会"，希望通过国学，纯净地方风俗，激励人才辈
出。学会聘请江苏长洲章钰，甲骨文专家王襄，教育名宿郑菊如、
俞品三、郭蔼春等讲学，培养出许多当代学者和专家。1947年8月，
又创办了崇化中学（1952年改称天津市第三十一中学），郭蔼春任

校长。

1931年，日本侵略者曾在海光寺向孔庙开炮，以助刚成立不久的伪天津汉奸队的嚣张气焰，其中一颗炮弹击中影壁，幸未爆炸。

1949年后，改为东门内一中，后少年儿童图书馆、新华书店古籍部等单位长期借用。1985年进行复原修缮，原驻内各单位同年全部迁出。

修复后的文庙由府庙、县庙、照壁和过街牌楼组成。庙内有泮池、棂星门、大成门、大成殿、崇圣祠。殿两侧有东西庑、名宦祠、乡贤祠。泮池是文庙特有的建筑，据说，明清时期，童生赴考，考场前有一条小溪，通称"泮水"，凡考中秀才者称为"入泮"。棂星门是文庙必有的建筑，为四排冲天牌楼，黄琉璃瓦悬山顶。大成殿为庙内主体建筑，顶覆黄琉璃瓦九脊歇山顶，其中大吻与垂脊的交接处置吞脊兽，具有天津地方古建筑特色，是天津唯一的"官式"古建筑。西侧为县庙，东侧设有明伦堂、魁星阁、文昌阁。建筑均为砖木结构，雕梁画栋，典雅肃穆。南隔照壁有明万历年间所建的二柱三楼庑殿顶、木质结构的过街牌楼两座，额书"德配天地""道冠古今"。

话说劝业场

　　凡是天津人，老老少少，没有不知道劝业场的，外地人来天津要是没进劝业场，那就不算真正到过天津。作为天津商业标签的"劝业场"，人们早已耳熟能详，知道它是一座享誉全国的大型综合商场，是天津的商业中心，是国家级重点文物保护单位。但要是问您，它为什么叫"劝业场"，它是何人何时兴建的，劝业场里头的"八大天"又是怎么回事，能说上来的人恐怕就不多了。劝业场风风雨雨近80年，那些数不胜数的传奇故事，您又能知道多少呢？

　　传说，从前有个挑着大筐走街串巷收破烂的人。一天，收到一块儿黄铜，拿到手里觉得沉得压手。凭多年的经验，他觉得这不是一块普通的黄铜。回到家，关上门，他使劲擦去黄铜表面的泥土，黄铜立刻放出了黄金特有的耀眼光芒。他心想，莫不是我时来运转了，黄铜变成黄金了?! 想到这儿，他换了身干净衣裳，把黄铜揣在怀里来到了一家金店。行家用试金石一试，果然是一块成色极高的金砖！后来，他拿这块黄金盖起了天津劝业场，因劝业场的生意兴隆而迅速成为津城巨富，住上了洋房。但每到年三十晚上，他都要挑起那对儿收破烂的大筐，在自家院子里走上几圈，以示发家不忘本。这段故事虽带有传奇色彩，听起来有些离谱儿，但它却代表着下层人民渴望改变命运的朴素感情，所以能流传至今。

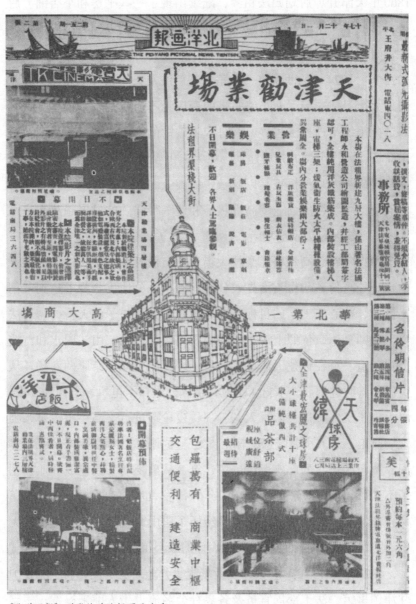

《北洋画报》刊登的劝业场开业广告

据史料记载，劝业场这块风水宝地，百年前还是一片芦苇地，1860年天津开埠后划归法租界，陆续出现了一些平房和小店铺。后来，形成了一个城乡小商贩麇集的水果市场，所以，人们习惯把这一带叫作梨栈，管今天的和平路叫作梨栈大街。1920年直皖战争和1922年、1924年的两次直奉战争，先后波及天津。天津商业中心北门外大街、估衣街、北马路一带的商店无不遭受劫难，于是，众多商贾摊贩纷纷迁至法租界，昔日寂寥破败的街市逐渐繁荣起来。泰康商场、天祥市场的先后建立，更为法租界增添了新的生机与商机。井陉煤矿买办高星桥正是以其敏锐的商业眼光，及时地洞察了当时民族资产阶级发展商业的高涨热情和这一带强劲的发展趋势，决定在这里兴建一座大型商场。

1928年初，高星桥在梨栈大街以每亩两万两白银，总计10.4万两银子的高价，购得英商先农公司的五亩二分地皮。为了达到"精心设计、精心施工"的目标，高星桥以一万两银子的天价，聘请法籍工程师慕乐，依照上海大世界的规模设计蓝图，由法国永和营造公司监造。意在创建天津最大的商场，压倒天祥和泰康两商场。从美商洋行购进钢筋、木材、水泥，从国外进口了电机、电梯等设备。每天施工工人多达三四百人，工程昼夜轮班进行。高星桥更是亲临现场监工，工人稍有疏忽，轻则责之，重则逐之。就这样，"工程坚固，莫与比伦"的一座七层雄伟建筑，从破土动工到建成开业只用了不到一年的工夫。此后，1939年天津发大水，劝业场一楼积水三尺，连续泡了一个多月，后来又经历了唐山大地震，但它仍毫发无伤、安然如故。所以说它是百年大计的放心工程一点也不为过。

1928年12月12日，天津劝业场隆重开业。法、英、日、意各国驻津领事馆、法工部局官员及各界社会名流近千人前来祝贺，一支500余人组成的英国驻军乐队奏乐助威。《大公报》《北洋画报》《庸报》等新闻媒体对劝业场开业盛况做了详尽的报道。在各界赠送的银盾、花篮、楹联中，有一座银盾上面镌刻着"劝吾胞舆，业精于勤，商务发达，场益增新" 16个大字。不仅为劝业场做了寓意深刻而又简明透彻的说明，而且还以冠顶格式（即每句话取首字）组成"劝业商场"。高星桥看后非常高兴，当即让人悬于场内，作为办场宗旨。

据说，当年劝业场刚建成时，在登瀛楼的一次酒会上，天祥商场的主人曾对高星桥说："我是天，你劝业场再大也是个圈（劝）儿，也得压在天的底下！"高星桥听了心里很不舒服，憋足劲儿一下子就弄出了天华景戏院、天宫电影院、天乐戏院、天会轩杂耍馆、天露茶社、天纬台球房、天纬地球房和天外天夜花园"八大天"！事后，他不无挑战地说："你有一个天，我有八个天，天下还是我的！"

有了"八大天"，顾客在购物之余可以到天纬球社玩玩台球、打打乒乓球，或到"天露茶社"品茶会友，聊天小憩；京剧戏迷可在四楼天华景戏院观看名角的精彩演出；喜欢看电影就到天宫影院一坐；愿意听曲艺的、看文明戏的，就请您再上一层，到六楼天乐、天会轩一饱耳福。每至夏季，薰风已动、天气渐热之时，劝业场楼头的天外天辟有露天电影、杂耍园子、京剧等演出场地，特设冷热饮茶座。华灯初上之时，婉转乐曲，缠绵悱恻，舞星鼓姬，轻歌曼舞，游人如织，举扇成幕，成为天津盛夏一道独特的风景。

"八大天"之首当属天华景戏院，剧场分三层，共1100多个座位。一层是座椅，二层三面是24个包厢，三层是排座椅，并且拥有独一无二的旋转舞台。演出时，高星桥之子高渤海在此亲自坐镇，桌上放"水牌子"，写当日戏码。男化妆室在五六楼之间，女化妆室在四五楼之间。舞台为大转台，三面可做舞台，这为彩头戏提供了极好的物质条件。戏院于1928年12月28日正式开幕，初由陈月楼等人承租，专演京剧，以金友琴、雷喜福为台柱子时生意还算说得过去，但后因10家股东分红发生矛盾，不到一年就散伙停业了。

1929年9月，高星桥把戏院收回由高渤海经营。高渤海接手后，重整旗鼓，业务渐有转机。1933年，戏院成立了自己的戏班——稽古社。该社占据了宴会厅、天外天、苏滩剧场及屋顶的全部。七楼卧月楼小剧场是练功房，六楼共和厅是排练场，高渤海平日在此办公。聘请娄廷玉、尚和玉、李兰亭等登台献艺，生旦净末丑俱全，文武名角荟萃，演员唱得精彩，观众听得过瘾。尤其是他们自己排演的《大侠罗宾汉》《西游记》等连本彩头戏，演期长达数月，观众看了头本想看二本，瞧了上出想下出。这种迎合观众心理，后台排练，前台演出，类似"前店后厂"式的连续演出方式，在当时的天津卫可说是首屈一指，独此一家。

天华景营业火炽，收入颇丰，至1935年已获利21万元，加上高星桥添的4万，1936年，高渤海买下属于国民饭店的地契，盖起了渤海大楼。

未曾进劝业场，您先见到的就是写有"天津劝业场"五个大字的金底牌匾，字体气势豪放，笔力遒劲，墨如泼出，气贯长虹。人所共知，它出自清末左相、津门四大书法家之首的华世奎之手。但这匾上的字是怎么写出来的，可就众说纷纭了。有人说是用糖稀、小米粘起来堆好，再用刀子刻出来的；有人说是用简易放大格尺放出来的；还有人说是一个字十袋洋面，用拖地的墩布抹出来的；更有人说是华世奎与一个南方人赌气，喝醉了写出来的。

据说，劝业场的牌匾最早是由一个南方人写的，牌匾挂出来那天，看热闹的人还真不少，里三层外三层围得水泄不通。这时，只见一位老者分开人群走近牌匾，端详了半天，自言自语道："字虽挺拔、秀雅，但缺了神采；形虽清瘦、纤细，但少上意境。这样秀雅的匾怎能衬托出这样的宏伟建筑呢？遗憾，遗憾啊！"南方人听了很不高兴，当场顶撞了老者几句。但老者毫不在意，笑着扬长而去。后来得知老者就是天津的大书法家华世奎后，南方人非常懊悔。有心请华世奎写匾却又怕被拒绝。于是，设局由天津商会出面宴请华世奎。酒过三巡，菜过五味，华世奎略有醉意。大家开始议论起牌匾之事，众口一词地将牌匾说得一无是处，一致推举华世奎为劝业场再写一匾与之一试高下。在众人的怂恿下，华世奎就着酒劲儿，展纸提笔，一挥而就。成就了南方人，也成就了劝业场。后来，这一传说还在电影、电视中多次出现。

据史料记载，劝业场的匾额先后写了两次。因高星桥酷爱华世奎的字，所以，在大楼建成之前，他就用一般的润例请华世奎写了"劝业场"三个字。字送到高宅，高星桥展开一看，觉得不太理想，不用吧，怕得罪了华世奎，用吧，这三个字确实跟大楼的风格不相称。

原来，华世奎有位女公子，自幼爱好书法，父亲每次临池挥毫之时，她必要备纸、研墨，侍奉左右。天长日久，老爷子的笔锋章法已了然于胸，她写的字几可乱真。到了晚年，华世奎精力渐差，而求字的人不减，所以，一般的应酬就由女公子代笔，仍以"璧臣华世奎"署名盖章，有特别请托的他才亲自动手。而这"劝业场"三个字正是那位女公子的杰作。

高星桥正在为难之际，事情却又出现了转机。原来在北京廊坊也有家叫劝业场的商号，这家商号早已将"劝业场"的商标注册了。听说天津有家商号也要取名劝业场，他们就把高星桥告上了法庭，不准他用"劝业场"三个字。高星桥急忙请律师向北京劝业场赔礼道歉。最终，以高星桥的商号在劝业场前面冠以"天津"二字，以示区别，双方达成一致。有了加"天津"两字的理由，高星桥就可以理直气壮地找华世奎重写了。这次，高星桥吸取了上回的教训，先送厚礼，后下请帖，最后在南市丰泽园饭店摆燕翅席，备清水烟，加倍封红包润例。68岁的华世奎吃好抽足，有了精神头儿，这才写下了今天我们看到的"天津劝业场"五个大字。据高家人透露，华世奎的润例是银洋五百，在当时可以买250袋高级面粉！润例之高，无人能及。

劝业场建成不久，交通旅馆、渤海大楼、惠中饭店等一批商业、餐饮名店，如雨后春笋般应运而生。这一带商贾云集，游人如织，日销万金，此番盛景可与上海的南京路并峙，天津也由此加重了它作为北方经济中心的砝码。集商业、娱乐于一身的劝业场，作为店名的单纯概念也随之升华为一种广义的商业区域的代名词，她已成为天津繁荣的象征，成为天津商业的名片。

1941年12月，太平洋战争爆发后，日本接管了法租界，从此，劝业场经营开始走下坡路。1958年，劝业场与毗邻的天祥商场合并，经营方式和范围不断改进扩大，成为一座寓购物、餐饮、娱乐、消遣为一体的现代化商场。

对于天津人来说，如今的劝业场已不仅仅是一座商场，它更是一种文化、一种情结。与劝业场同龄的耄耋老人安闲地坐在"八大天"里，追溯过去的美好时光；曾在劝业场谈情说爱、置办嫁妆的中年人，每逢结婚纪念日还要来这里旧地重游，回味当年的浪漫生活；听爷爷奶奶讲劝业场故事长大的年轻人，睁着一双好奇的眼睛第一次走进这眼花缭乱的世界时，既感受到了岁月的厚重，又充满了对未来的憧憬，感受着劝业场汩汩而出的"场"气，深为自己是一个天津人而骄傲和自豪。

马连良与疙瘩楼

今天五大道上"能吃的博物馆——粤唯鲜"餐厅，就是著名京剧表演艺术家马连良先生当年在天津的寓所——疙瘩楼。

相映成趣 妙成天然

被誉为万国建筑博览会的五大道风情旅游区的小洋楼各具特色，异彩纷呈，位于今河北路与睦南道交叉口的疙瘩楼更是造型奇特，独树一帜。疙瘩楼建于1937年，为意大利建筑设计师保罗·鲍乃弟所设计，是一幢具有浓郁意大利风情的毗连式高级住宅。为四层砖木结构，前后有小院，底层为汽车房，二层为客厅、餐厅，三、四层为居室、书房。三层设有圆拱形阳台。房间宽敞明亮，功能齐全。设计师使用拱券门窗和多样立柱，颜色朴拙却强调反差，外檐立面巧妙地用瘤钢砖形成的"疙瘩"作点缀，故称"疙瘩楼"。该楼之美就在于独特的疙瘩上，造型也不求规整，表面凸显出来的砖块参差有致，与阳台珍珠串式的栏杆、窗边的水波纹花饰相映成趣、妙成天然。

说起疙瘩砖的原料硫缸砖，这里面还有一段鲜为人知的故事。据说，20世纪初，在津西青龙潭（今水上公园一带）有一个窑厂，主要生产砖瓦。砖是黏土砖，有青砖和红砖两种；瓦是大筒瓦，有底瓦和盖瓦之分。一天因为窑工的疏忽，有一窑砖烧过了火，整窑的砖烧成了瘤子砖，卖不出去。这事被一个有头脑、懂建筑的外国人得知，他见这种砖因烧制时间长，比耐火钢砖还要坚硬，更耐碱蚀，而且外形奇特，形态各异，极具美学价值，是一种难得的建筑材料。于是，他就以低廉的价格全部买下。后与好友鲍乃弟谈及此事，鲍乃弟从中获得灵感，遂设计出了今天的疙瘩楼。

疙瘩楼的原居民多为知识界人士，多数是天津工商学院（今天津外国语大学）的中外教师。1941年，著名京剧表演艺术家马连良买下了其中的两套，一套来津时小住，一套出租。从此，疙瘩楼便身价倍增，闻名于世。

一代宗师　须生泰斗

马连良（1901—1966），字温如，回族人，生于北京。8岁入"喜连成"科班学艺，先学武生，后改老生，最后归工文武老生，艺宗"谭派"（谭鑫培），出科后所演之剧目亦为谭派戏。15岁变声后，侧重学习念工戏《审潘洪》《十道本》《胭脂褶》《盗宗卷》等，为其念白打下深厚功底。此后，马派代表性剧目多是唱念并重，甚或念重于唱。20岁时初演的《三字经》，自始至终全为念白，韵味悠长，念白如唱。在经常演出的剧目中，念白有时老辣，有时苍劲，有时是幽默风趣的声调，有时是忠告谏劝的语气，用以表达人物的不同性格和感情需要。他善于将念白处理得像唱一样具有强烈的艺术感染力，悦耳动听。

他在唱工上吸收了"内廷供奉"孙菊如唱法的精华，在念工和做工上又向贾洪林、刘景然等名家学到不少技艺，经揣摩、钻研，由演唱工戏逐步改为演出唱、念、做三者并重的剧目，形成了自己的艺术风格。在学"谭"的基础上，发展革新，经过长期的舞台实践，在京剧界老生行中创出了"马派"，自20世纪20年代至今盛行

京剧马派创始人马连良

不衰。1930年曾被《京报》主编、民国时期著名报人邵飘萍誉为"一代宗师、须生泰斗"。

如今，《借东风》《甘露寺》《十道本》《春秋笔》《四进士》等马派剧目中著名的唱段，仍在戏曲界、票友中广为传唱。每逢夏日，天津的社区公园里便能听到票友们演唱的马派经典唱段，观众的掌声、喝彩声不绝于耳。

天津情缘　由来已久

天津素有戏曲之乡美称，在京剧界又有"北京学戏，天津走红，上海赚钱"之说。因此，从清末到民国，几乎全国的所有京剧名角都曾到过天津。天仙戏园、春和大戏院、中国大戏院等曾是他们走红的舞台。

马连良自1922年与梅兰芳一起在英租界马场道潘复家演出《游龙戏凤》后，便与天津结下了不解之缘。在他的戏剧生涯中，天津是他的重要舞台，这里留下诸多他的难忘时刻，这里拥有众多喜爱他的观众。

麒派创始人周信芳的"移风社"自1932年起便在天津公演，享誉一时。进入1933年后，上座率开始下滑。因1927年马连良与周信芳曾在上海合作演出，盛况空前。为此，春和大戏院经理亲赴北京找到马连良，请他俩再度联手。马连良欣然接受。1933年4月，周信芳与马连良一南一北两位老生，在春和大戏院连续上演了四天六场，观众满坑满谷。"南麒北马"自此叫响于世，成就了戏剧界的一段佳话。

1936年9月19日，有"华北第一剧场"之称的天津中国大戏院隆重举行开幕典礼。总经理孟少臣致开幕词，市政府秘书长代表时任天津市长的张自忠致祝词，马连良代表中国大戏院致谢词。在马富禄的《跳财神》，马连良的《跳加官》后，马连良、姜妙香、茹富蕙、刘连荣等主演了《群英会》《借东风》。开幕首期，马连良的"扶风社"连演18天，场场爆满，戏院净得纯利两万元，可谓开业大吉。

早期马连良每次来津演出时，不是住在旅馆，就是住在朋友家。《民生报》主编齐协民、江苏督军李纯的长子李振元等的私宅，他都曾借住过。当年，一个名叫杨楚白的戏迷，是马连良最忠实的粉丝。只要马连良来津演出，他场场不落。杨楚白是天津八大家"长源杨"后人，是中南银行的高级职员，家住新加坡道（今大理道）。时间一长，他两人就成了朋友。杨楚白时常邀请马连良到他家做客，两人还曾合影留念。马连良也赠送他一些礼物，其中有一张马连良的剧照，并题写"楚白兄惠存"。杨楚白建议马连良在附近购买一处私宅，以做来津落脚之用。后经时住香港道（今睦南道）的好友张学铭帮助，马连良购得疙瘩楼。

疙瘩楼虽只是马连良来津小住之地，但这里却聚集了天津政界、文化界、艺术界的众多名流。溥仪的堂弟、著名书画家爱新觉罗·溥佐先生曾回忆，当年的疙瘩楼曾是"车如流水马如龙"，经常出入的宾客不乏袁世凯、冯国璋、靳云鹏、鲍贵卿、张绍曾、曹汝霖等显赫一时的风云人物，或是荀慧生、梅兰芳、杨小楼等艺术大师。

如今，疙瘩楼上的一个单间仍陈列着马连良的一些珍贵照片和演出行头，它们见证着这幢楼昔日的辉煌，讲述着当年曾在这里发生的故事。

德璀琳大院始末

古斯塔·冯·德璀琳（Gustar Von Detring），1842年出生于德国，日耳曼贵族。1864年来华，初在中国海关总税务司赫德手下任四等税务员，1867年5月来津时仅为四等文书，1869年，以三等税务资格调至天津海关。1876年任烟台关税务司，参与中英谈判签订《烟台条约》，并从李鸿章手里为外国商人争得许多权益，因而得到赫德的赏识。1877年12月，接替克黎出任炙手可热的天津海关税务司，从此飞黄腾达，把持天津海关达22年之久。成为除赫德之外，无人能与之匹敌的"古斯塔夫大王"。

1882年，德璀琳征得赫德和李鸿章的同意，按货物价值千两收银一两，作为铺设租界道路和造林绿化的费用。当时，在租界内建成了天津的第一条沙石路，并被命名为"德璀琳路"（今大同道附近）。三年后，英租界的城市建设粗具规模，"租界内街

德璀琳

津门掌故

道逐次修筑整齐……夏季，马路上覆盖着清凉的枝叶，茂密的绿荫，（租界）成为众望所归的各国侨民住宅区"。1892年，德璀琳又募集了1600两白银，开始修建津京大道。

1886年，经直隶总督李鸿章赠予，德璀琳攫取了佟楼以南向西"养心园"的大片土地，后在该地投资建造了三座小洋楼，成为天津当年设计和装饰最为豪华的西式建筑，人称"德璀琳大院"。从此，德璀琳一家在这里正式定居下来。

德璀琳一生无子，生了5个"善交际、爱运动"的女儿，大女婿是曾任李鸿章顾问的德商汉纳根，二女婿美国人腊克是美丰银行的经理，三女婿包尔曾任奥国驻津领事，四女婿英国人纳森是开滦矿务局总经理，五女婿是英国的驻华使馆武官。由于德璀琳全家显赫的地位，德璀琳大院一时成为天津的社交中心。

1913年1月4日，德璀琳死于天津，家人依其遗嘱将其葬于德璀琳大院的一角。此后，大院由其妻女继承，并由其女婿汉纳根代管。第一次世界大战后，因汉纳根及继承人中有德侨关系，经英美两国领事商得及特派直隶交涉员同意，依照当时管理特种财产的规定，将该产转为美侨卢克托管。至1921年5月，中德订立发还德侨财产的新约后，该产发还给了德璀琳夫人，但仍由卢克代管。1939年，德璀琳夫人去世后，该房产即由其女儿和外孙等继承。同年，他们将院中的一、二、三号楼分别租给了德商美最时经理杜卡夫（Theuerkauf）、德商德孚洋行经理施文德（Schwender）和德商禅臣洋行经理杨宁史（W.Jannings）。1943年6月，著名建筑师德侨盖苓（Rolf Geyling）在人院德璀琳坟墓北侧购地三亩四分余，盖起一幢二层小楼，大小共计14间房。

抗战胜利后，随着大量德侨因纳粹和助敌而被遣返回国，杜卡夫最先被遣返，施文德避居上海，杨宁史也被列入遣送名单但一时找不到行踪。美军配合国民党军队接管天津后，驻扎津城两年多。

当时，德璀琳大院的三幢小楼也分别被山德森（Gen.Sanderson）、何华德（Maj.Gen.Howaed）、克来（Gen.A.Craig）三位美国将军占用。其房中原有的家具大多发还给了大院的代理人盖苓，美国驻津领事馆为他们装修了房屋，购置了室内家具和办公用品。

1947年美军撤离天津后，德璀琳大院被国民党政府接管。新中国成立后，该房被拆除，原址现为天津第一招待所。

老天津的桥

　　一个清风吹拂的夜晚，我乘坐"海景"号游船畅游海河，站在甲板上，海河美景尽收眼底：东岸修旧如旧的名人故居积淀着深厚的文化底蕴，西岸高水平、上档次的绿化工程打造出新型城市的绿色生态环境，远处鳞次栉比的高楼大厦跳动着国际化大都市的节奏与旋律，近处璀璨的夜景灯光让人仿佛置身于一个虚幻的世界，而横跨两岸、形态各异、风格多样的一座座桥梁，犹如镶嵌在海河上的一粒粒明珠，更像穿越时空、连接古今的一道道彩虹。

　　天津地处九河下梢，沿海河而建，水量丰富，渡口众多。1860年天津开埠后，随着近代资本主义工业的发展，天津市区的交通、公用事业也发生了根本改变。1882年成立的工程局开始应用近代技术筑路建桥。同年，横跨南运河上的天津第一座铁桥建成，1887年移至子牙河，取名大红桥。1888年，在督署前南运河上架起了天津第一座开启式铁桥——金华桥。

　　此后，在运河、海河、墙子河上相继建成了金钢桥、金汤桥、万国桥（今解放桥）、宝士徒道（今营口道）桥、伯斯道（今南京路至西安道之间的长沙路）桥等。截至天津解放前夕共有桥梁57座。

　　20世纪初，因海河上建起了金汤桥、金钢桥和解放桥三座开启式钢桥，天津成为中国拥有开启式钢桥最多的城市。为此，我国著

大胡同前的金华桥

1905年的大红桥，背景为津常关西河分局

名桥梁专家茅以升曾在著文中点评天津的铁桥，称可开可合的桥是
天津的特产，"合时桥上走车，开时桥下行船。一开一合，水陆两
便。这是一种经济型的桥梁结构，当时在中国这种桥绝无仅有，在
天津开了先河"。

位于海河上游的金汤桥旧址原是一座浮桥，当年盐商把从塘沽运来的盐放置在海河东岸，等待装船运送，但是他们大多住在海河西岸。为了两岸互通，大家集资修建了一座浮桥。1906年建成的金汤桥替代了年久失修的浮桥，取"固若金汤"之意，但人们仍习惯称之为东浮桥。该桥为永久性钢桥，全长76.4米，桥梁分为三孔，其中较大孔径为固定跨，另外两孔为平转式开启跨，开启采用手动形式。1949年1月14日10时，中国人民解放军向国民党天津守军发起总攻，实施东西对进、拦腰斩断、先南后北、各个歼灭的战略方针，东西两面主攻部队历经16小时的激战，于15日凌晨在金汤桥胜利会师。为此，金汤桥以"天津获得新生的起点"而载入史册。

1901年，袁世凯继李鸿章任直隶总督兼北洋通商大臣后，于1902年将原驻保定的总督衙门，移驻天津。为了提高他的政治地位和方便来往于京津两地，修建新车站称总站，俗称北站。1903年，为与河对岸沟通，将原窑洼木浮桥，改建成双叶承梁式钢架桥，取名金钢桥。桥长76.20米，宽6.45米，下分三孔，中跨11.60米。桥台用条石砌筑，桥面铺木板，可以开启。但建后不能重载，遂于1924年在桥下游18米处，另建一座大型钢梁双叶立转开启式新桥。桥长85.80米，宽17米，两旁各有2米宽的人行道。桥墩为钢筋混凝土结构，插入河底，距桥面24.4米。桥面可以从中间用电力操纵吊起开成八字形，利于桥下行船。旧桥废弃，新桥沿称金钢桥。

如果说金汤桥是因为一场战役而扬名，那么，解放桥则以交通枢纽、城市地标的地位而成为海河上最重要的大桥。解放桥曾名万国桥、法国桥，最早称老龙头桥。1902年，在法租界当局的要求下，清政府在海河下游老龙头车站（今火车东站）附近修建一座桥梁，时称老龙头桥。十多年后，由于交通压力增大，旧桥耗损严重，亟须修建新桥。新桥于1923年开工，1927年竣工。工程费预算100万两白银。开工后，造价大为提高，主桥增至152万两，拆除旧桥等

旧时金钢桥

新金钢桥建于1924年，在旧金钢桥下游18米

增至39万两，共计190万两白银。因该桥北接老龙头火车站，南通法、英、德租界，故而得名"万国桥"。该桥是一座双叶立转开启式钢结构大桥，桥长97.64米，桥面宽19.50米，桥身分为3孔，中孔为开启跨。开启跨为双叶立转式，在桁架下弦近引桥部分背贴一固

定轨道，开桥时活叶桁架沿轨道移动开启，开启跨最大角度为88度，实现了"万国桥下过大船"的梦想。

60岁往上的天津人都知道，今天的南京路早年是一条河——墙子河。1860年，清政府为增加天津城守卫能力，抵御英法侵略军进犯，统兵大臣僧格林沁下令修建城防，在天津城周围挖濠筑墙。所筑的18公里围墙俗称"墙子"，形成的河道就叫"墙子河"。为方便交通，先后在墙子河上架起了16座桥梁。其中10座是坚固而气派的混凝土结构桥，6座是木结构桥。这道亮丽的风景线虽不敢与意大利的威尼斯水城相提并论，但也颇有水乡绍兴的味道。

从营口道、赤峰道过墙子河必经之路上的营口道桥，始建于1925年，时称宝士徒道桥，又称张庄大桥。该桥为单孔三桥，水泥桥面。桥南是1929年创建的天津私立大同初级中学，桥北是英租界发电厂。鞍山道与南京路交叉口处有座平坦宽阔的石桥——鞍山道桥，建于20世纪20年代。它的栏杆、路面都是坚固水泥制成，初建时非常气派。由于地理位置优越，因此桥上每天都是车来人往，一片繁忙景象。桥北头有座建于1941年典型日式宫殿建筑武德殿，亦称演武馆。伯斯道桥于1934年11月11日建成开通，是座水泥结构桥。因位于耀华中学正前方，故又称为耀华桥。耀华学校是英租界内第一所华人自己的学校，意为"光耀华人"。日伪时期，耀华人不畏强暴，坚决抵制日伪政府的奴化教育，倡导爱国主义教育。为此，校长赵天麟竟被日寇暗杀。

1970年，市政府着手以墙子河槽修建地铁，时称"七零四七"工程。百年墙子河被盖上了盖儿，变成通衢大道，河上的桥梁全部被拆除。1973年命名为胜利路，1984年更名为南京路。自开通运营地铁一号线以来，作为天津服务业"主动脉"，正在向国际化加速迈进。

一座城市有了水就有了活力，有了桥就有了诗意。天津是一座以"水文化"为依托的城市，桥对于每一个天津人来说，都有着难

1927年10月18日，具有当时世界先进水平的万国桥（今解放桥）举行落成典礼。图为万国桥开启时的情景

以割舍的情感。近年来，解放桥、金汤桥、金钢桥、富民桥、蚌埠桥、赤峰桥、通南桥、慈海桥等一批海河桥相继完成改造和新建，这些具有历史韵味的老桥和富于现代气息的新桥，不仅为市民出行带来了便利，也为海河增添了色彩，更见证着天津的发展。海河两岸"水清、岸绿、景美、游畅"的人水和谐美景，构筑起与天津现代化国际大都市相媲美的滨河亲水景观，海河堤岸景观如同海河的"百变名片"，直观地展现了天津的历史和今天。

后 记

　　2010年底，《今晚经济周刊》编辑远之岫先生约我为该报撰稿。经过几次磋商，最终确定开设"津门掌故"专栏，每周一期。从2011年年初到年底，整整一年的时间，撰稿70余篇，每篇都是千字小文，总字数在8万字左右。如果结集出版，显然略显单薄了些。

　　2014年初，《每日新报》编辑李玮先生约我为该报"生活广记"专刊撰稿，我遂提出续写"津门掌故"的想法，李玮先生欣然同意。于是，"津门掌故"系列文章从原来的70余篇增加到了90余篇，字数突破了10万字。配以珍贵图片，图文并茂，雅俗共赏。就这样，报纸上的"津门掌故"专栏很快变成了图书《津门掌故》。该书的顺利出版得到我馆局领导及各处部室的大力支持和帮助，更为荣幸的是老局长荣华先生还亲自为该书作序。

　　2022年初，我开通了微信公众号——"周利成的画报世界"，将该书的部分文章上传平台后，得到了读者的鼓励和支持，有些读者通过各种渠道联系到我，想要购买此书。由于该书出版时间已有8年，书店、网店均告售罄。为此，我联系了中国文史出版社商谈再版事宜。感谢中国文史出版社责任编辑对这本书的辛勤劳动和默默付出，他们重新排版设计，增加配图，字斟句酌地认真校对，使得该书既具历史感，更富时代感。最终本书以崭新的姿态再次与读者见面。

　　由于作者学识所限，难免会有谬误之处，真诚地希望聆听识者之言，不断改进，不断提高。

周利成

2022年10月